Au Congo Français
les Missions Catholiques

Mgr A. BOUCHER

Au Congo Français
les missions catholiques

LIBRAIRIE PIERRE TÉQUI A PARIS

DU MÊME AUTEUR

à la même librairie :

A TRAVERS LES MISSIONS DU TOGO ET DU DAHOMEY,
avec deux cartes et cinquante-cinq illustrations
hors texte.

Un volume in-8° couronne. Prix : **10 francs.**

LE TRAVAIL POUR LES MISSIONS. — Notes pratiques
pour la confection des ornements et linges
d'Eglise destinés aux Missions. — 2e mille.

Une brochure in-8° couronne. Prix : **2 francs.**

à la librairie A. HATIER :

PETIT ATLAS DES MISSIONS CATHOLIQUES

(pour paraître en mai 1928.)

Mgr A. BOUCHER

Au Congo Français
les missions catholiques

*Avec trois cartes
el quarante-sept illustrations hors texte*

PARIS
LIBRAIRIE PIERRE TÈQUI
82, RUE BONAPARTE (VIᵉ)

1928

A MA MÈRE

INTRODUCTION

Par S. G. Mgr LE ROY

Ancien Directeur Général de l'Œuvre Apostolique des Saintes Femmes de l'Evangile[1] et actuellement Président national de Paris de l'Œuvre de la Propagation de la Foi, qui recueille de ses associés les allocations annuellement réparties entre toutes les Missions du Monde catholique, Mgr Boucher a voulu voir de près quelques-unes de ces entreprises de conquête pacifique auxquelles il a consacré lui-même ses forces, son intelligence et sa vie. L'Inde, l'Indo-Chine, la Chine et le Japon, l'Océanie et même Madagascar sont des terres bien lointaines ; mais il y a d'autres champs d'apostolat plus facilement abordables et non moins intéressants. Voici, par exemple, l'Afrique Occidentale et Equatoriale. Mgr Descamps, jadis chargé, lui aussi de l'Œuvre de la Propagation de la foi, y est allé ; en héritant de ses fonctions en même temps que de son rôle actif et éclairé, Mgr Boucher a voulu faire de même. Dans une précédente publication, il a rendu compte de ses impressions sur les florissantes Missions du Togo et du Dahomey, confiées aux Pères des Missions Africaines de Lyon. Et voici maintenant l'exposé de ce qu'il a vu dans les Missions des Pères du Saint-Esprit à Dakar, à Konakry, à Libreville et au Congo Français.

---

1. Cette Œuvre (Paris, 108, rue de Vaugirard) a pour but de procurer aux Missions les objets de culte. Elle groupe les bonnes volontés féminines pour travailler de leurs mains aux linges sacrés et ornements d'église.

*
* *

Les relations de voyageurs de passage aux pays « exotiques » ne sont pas rares ; ce qui est rare, c'est la justesse des aperçus, c'est le discernement du principal et de l'accessoire, c'est l'étendue de l'information, c'est, pour tout dire, l'impartiale vérité.

En parcourant les pages qui suivent on n'a pas cette déception. Et il est surprenant qu'un observateur, foulant pour la première fois le champ d'action où travaillent les ouvriers que jusque là il n'avait suivis que de loin, réussisse à apprécier leurs efforts, à pénétrer leurs méthodes, à saisir leurs difficultés, à relever leurs succès comme leurs déceptions avec une aussi juste et pleine compréhension.

Jusqu'en ces derniers temps, le Bloc Africain n'était pas aisément abordable au Missionnaire ; il ne l'était même pas à l'explorateur, au commerçant et au conquérant. Tout en défendait l'accès : la configuration massive du continent dépourvu de ports et perpétuellement battu par la « barre », l'inclémence du climat, les déserts, les forêts, les rapides des fleuves, les animaux, les hommes. Et longtemps, trop longtemps, l'initiative européenne se contenta de venir embarquer sur les côtes, pour les colonies d'Amérique, les esclaves que lui amenaient les traitants indigènes.

Lorsque le P. Libermann envoya au Cap des Palmes ses sept premiers Missionnaires, il apprit, peu après, la mort, coup sur coup, de cinq d'entre eux, et la disparition des deux autres, le P. Bessieux et le P. Grégoire. Longtemps après, ceux-ci se retrouvèrent sur l'estuaire du Gabon. On leur envoya du secours, et les confrères qui les rejoignirent eurent la satisfaction de constater qu'ils n'étaient pas tout à fait sans ressources : dans une petite boîte en fer blanc il leur restait un sou. C'était en 1842.

Pareille épreuve était réservée plus tard à Mgr de Marion-Brésillac et aux premiers Membres de la Société des Missions Africaines. A peine débarqués à Sierra Leone, ils étaient tous emportés par la fièvre jaune.

C'est ainsi qu'ont été reprises au xixe siècle les Missions d'Afrique, reprises, car il y avait eu des commencements d'évangélisation, notamment près de l'embouchure du « Zaïre » et dans l'Angola ; mais après les bouleversements de la Révolution française et, en Portugal, le règne sectaire de Pombal, rien ou presque rien n'en était resté.

Depuis, la vapeur, l'électricité, les progrès de la médecine, les surprenantes conquêtes de la science, mis au service de l'exploration, de la conquête, du commerce et de l'apostolat, ont fini par ouvrir l'Afrique. La voilà, en bien des points, sillonnée de routes, coupée par le rail, foulée par l'automobile, survolée par l'avion, animée par la T. S. F. Tout cela, sans doute, ne s'est pas réalisé sans exiger beaucoup de victimes, et c'est une belle et grande pensée qu'a eue Mgr Jalabert d'élever à leur mémoire ce monument du Souvenir Africain, qui va dominer la ville de Dakar. Mais enfin, la civilisation, avec son habituel cortège de bien et de mal, est en marche au Continent Noir.

*
* *

En se rendant à la Côte d'Afrique, Mgr Boucher ne se proposait pas d'étudier sur place les progrès de la civilisation ; mais il ne les ignore pas, et, tout en passant, il montre qu'il a su voir et apprécier. Et il le fait dans un style attachant et avec une fraîcheur d'impression qui font plaisir.

Nous relevons avec lui, par exemple, l'importance grandissante de Dakar, tête de ligne du chemin de fer qui donne accès à l'intérieur, et escale des bateaux qui desservent l'Afrique Occidentale et l'Afrique Equatoriale et même l'Amérique du Sud : Dakar (Ndakarou, le Tamarinier), que, dès 1847 et avant tout Européen, nos Missionnaires vinrent occuper, prévoyant le développement que lui assurait sa rade, abritée par la presqu'île du Cap Vert et l'îlot de Gorée.

Puis, c'est Konakry où, il y a trente ans à peine, le Docteur Ballay aimait à se promener chaque soir avec le P. Rimbault et à marquer l'emplacement et la disposition de la cité future qu'un chemin de fer relie aujourd'hui au cours supérieur du Niger.

C'est Libreville, jadis simple comptoir, dépôt des esclaves libérés — d'où son nom, — réplique française de Freetown et amorce de notre Afrique Equatoriale.

C'est Port-Gentil, ville en formation à l'embouchure de l'Ogoüé, par où Brazza atteignit le Congo.

C'est Loango, qui se double aujourd'hui de Pointe Noire, d'où part enfin, après de multiples études et de trop longs retards, le chemin de fer Océan-Brazzaville.

C'est la majestueuse entrée du Congo, coupé dans son cours inférieur par d'infranchissables cataractes qui ont rendu nécessaire le chemin de fer inconfortable mais précieux donnant accès à Kinchassa et Léopoldville : Capitales de l'immense Empire colonial créé par la géniale initiative de Léopold II et donné par lui à la Belgique. Qu'en en a-t-elle fait ? Constatons-le sans jalousie, mais avec une pointe d'amertume en ce qui nous concerne, le Congo Belge a pris sur le nôtre une avance indiscutée, à tous points de vue : administratif, commercial, religieux et social.

Enfin voici Brazzaville : c'est le centre de l'Administration de l'A. E. F. et le siège du Gouvernement général. C'est aussi la résidence ordinaire du Vicaire Apostolique.

*
* *

Ce qui intéresse surtout le Président de l'Œuvre de la Propagation de la Foi, on l'a dit, ce qui a déterminé son voyage, c'est l'organisation et la marche de l'apostolat catholique. Malheureusement, les exigences de la traversée ne lui ont permis que de jeter un rapide coup d'œil sur les villes de la côte, sans qu'il lui ait été possible de se rendre dans les stations de l'intérieur. Or, c'est là que la Mission est surtout intéressante et conquérante, au milieu d'âmes moins atteintes par l'ambiance étrangère et dissolvante des milieux européens. Son séjour plus prolongé à Brazzaville et à Bangui lui a donné de pénétrer dans la « Brousse » ; en l'absence de Mgr Guichard, alors en France il y a même joué un rôle actif et l'on a grand bonheur à pouvoir lui décerner un titre nouveau : celui de Missionnaire honoraire du Vicariat Apostolique du Congo Français...

Quiconque a beaucoup vu
Peut avoir beaucoup retenu.

Oui. Mais répétons-le, c'est une remarquable surprise que de constater, à la lecture de cette relation d'un rapide voyage, la justesse des appréciations.

Le voyageur arrive à Kinchassa, et l'on sourit d'un sourire approbateur, en relevant avec lui « la passion des Missionnaires européens pour le style gothique de leurs églises — un contre sens en ces pays ». Ajoutons que, du moins, ce contre sens ne sera pas commis à Dakar, où l'architecte du

Souvenir Africain *a essayé avec bonheur d'un style africain.*

Kinchassa, c'est le Congo Belge. Avant de le quitter, remarquons le développement qu'y ont pris les Missions catholiques : 14 Vicariats Apostoliques confiés à diverses Congrégations, avec, en 1915, un personnel de 480 prêtres, 25 frères, 283 religieuses et 7.420 catéchistes réunissant 380.012 fidèles et 214.763 catéchumènes en concurrence et parfois en lutte avec un Protestantisme étranger· mais puissant généralement soutenues par une Administration intelligente et s'associant avec activité et succès à tous les progrès matériels intellectuels et sociaux de la grande colonie.

Et au Congo français ? — Au Congo français. les Missionnaires ont presque partout de bonnes, parfois d'excellentes relations personnelles avec les fonctionnaires de tous ordres ; mais l'Administration comme telle ignore les Missions excepté en matière d'impôts. Elle est « neutre » et l'on sait ce que trop souvent cette « neutralité » signifie...

Malgré tout on travaille et on avance. Et c'est avec une satisfaction visible que Mgr Boucher constate la solidité de l'enseignement religieux donné aux catéchumènes, relève le rôle de toute importance des catéchistes indigènes qui étendent celui des Missionnaires européens, signale la formation d'un clergé local en un séminaire approprié et la naissance de vocations religieuses ici comme à Loango, au Gabon, au Cameroun, en Guinée, au Sénégal, le ministère dans la Brousse et enfin, base de tout le reste, l'organisation de la Famille chrétienne.

Ce travail de l'apostolat ne se poursuit pas, sans doute, exempt de toutes difficultés. Mais où et quand n'a-t-il enregistré que facilités et succès ?

Ne comptons pour rien, car elles rentrent dans la catégorie des choses prévues et voulues, les épreuves ordinaires du Missionnaire : séparations, privations, déceptions, souffrances, maladies, morts prématurées, etc... Il y a pire. C'est, avant tout. l'organisation sociale indigène, qui, ne connaissant pas l'état domestique, avec gages tel que nous l'entendons, l'a remplacé par l'esclavage et la polygamie, — la polygamie, qui consacre l'asservissement de la femme et son exploitation, détruit la dignité de la famille et est une des premières causes de la dépopulation : un chef ou un ancien qui possède cinquante femmes empêche quarante-neuf jeunes gens de fonder une famille...

Etrange constatation ! En nos pays, l'Eglise est facilement représentée comme opposée au progrès social, au bien du peuple, à la liberté, elle est pour les puissants contre les humbles... Or, voyez-la à l'œuvre, en Afrique. Pendant que le Pouvoir civil, d'accord avec les Autorités indigènes, a pour règle de conduite — et, si on le voulait bien entendre, le principe ne serait pas mauvais —, de maintenir les « coutumes indigènes », lesquelles comportent en premier lieu la polygamie et ses conséquences, tout l'effort de cette Eglise prétendue « réactionnaire » tend à libérer la femme et l'enfant, à rendre à la famille sa dignité et sa stabilité originelle, à enseigner à tous, faibles et puissants, leurs droits en même temps que leurs devoirs... En Afrique, comme autrefois dans l'Empire Romain, l'Eglise est révolutionnaire, et c'est là la principale cause de ses conflits avec l'Autorité civile...

Que dire, maintenant, des obstacles qu'opposent le Fétichisme et ses pratiques séculaires, parfois innocentes sans doute, mais si souvent immorales, cruelles, tyranniques et dégradantes ? Et l'Islamisme, si envahissant ? Et le Protestantisme, qui n'a pas à calculer — les ayant en abondance — avec les ressources matérielles ? Et le « Kibangisme » congolais ? cette nouvelle secte d'origine protestante dont le mot d'ordre est : « L'Afrique aux Africains » ? Et, s'il faut tout dire, l'indifférentisme qui, pratiquement, devient le matérialisme de la pénétration européenne et de la clientèle étrangement mêlée qui la suit ?

N'importe ! D'année en année le grand Continent s'ouvre de toutes parts, et par les chemins nouveaux l'Apôtre passe...

Voici, par exemple, la Préfecture Apostolique de l'Oubangui-Chari. Il y a peu de temps encore elle paraissait menacée de rester dans une déplorable stagnation, moins à cause de l'anthropophagie de ses tribus, du caractère mal éclairé de leurs langues et de l'attachement à leurs coutumes, que de la difficulté des communications et des ressources nécessaires à l'organisation et au développement de l'apostolat dans des conditions exceptionnelles. Eh ! bien, voilà qu'une Administration active et intelligente — qu'on est heureux, cette fois, de pouvoir lui rendre justice ! — donne à ces régions perdues un système de routes qui les livre aux moyens de communication les plus modernes et sur lesquelles se groupe la population autrefois dispersée ; de ce fait, l'évangélisation se trouve grandement facilitée. Aussi, la Préfecture va-t-elle prochainement être érigée en Vicariat Apostolique, et le premier poste à fonder — il est en préparation, — doit être Fort Archambault, à la limite de l'emprise musulmane. Des bords du Congo au Tchad et au Soudan, et de la Sanga au bassin du Nil, quel immense et magnifique champ d'apostolat

*
* *

Oui, nous assistons à une ère nouvelle pour

Dakar : Mgr Le Hunsec, Mgr Boucher et les Missionnaires
a la Cloture de la Retraite 1924

DAKAR : PREMIERS TRAVAUX DE LA BASILIQUE

DAKAR : MGR LE HUNSEC VISITE LES TRAVAUX

l'Afrique. Partout, sur le grand Continent, jadis mystérieux, le vieux Fétichisme s'affaisse, discrédité et mourant. Le Noir veut devenir « Blanc » et, pour commencer, se donner une religion positive. Ce n'est pas une assertion intéressée et illusoire que d'affirmer sa préférence pour le Catholicisme ; mais, si le Catholicisme ne lui est pas présenté, il ira au Protestantisme ou à l'Islam...

Il est regrettable que Mgr Boucher n'ait pu passer au Cameroun, mais peut-être a-t-il eu raison : les Noirs l'y auraient retenu... Au point de vue politique, le Cameroun donne à notre Afrique Equatoriale sa pleine valeur, et il la donnera surtout lorsque le rail, qui relie actuellement Douala à Yaoundi, atteindra les régions du Tchad et de l'Oubangui. Mais c'est aussi un champ d'action apostolique incomparable, unique au monde peut-être. La population se rue littéralement vers le Christianisme : de 25.000 environ que nous avons trouvés là à la fin de la guerre, les catholiques sont rapidement montés au nombre de 100.000, et les catéchumènes ne se comptent plus ; les indigènes s'instruisent les uns les autres ; les chefs de villages bâtissent des résidences et des chapelles ; on s'arrache missionnaires et catéchistes ; un Séminaire ouvert dernièrement compte soixante-dix aspirants dont plusieurs fils et neveux de chefs, employés et fonctionnaires qui ont abandonné des situations enviables pour se donner à Dieu et à l'évangélisation de leurs frères. D'autres se présentent qui ne peuvent être reçus, faute de place.

Mais, en attendant, le Vicaire Apostolique et ses Missionnaires débordés appellent au secours...

Il fallait de toute nécessité des Religieuses pour toutes les œuvres spéciales à la femme. Heureusement, la Providence vient de susciter l'Institut des Sœurs Missionnaires du Saint-Esprit qui y occupe déjà *six Maisons. Seulement, ces excellentes auxiliaires, d'un dévouement absolu, ne peuvent, malgré la bonne volonté qu'elles y mettraient sans doute, administrer tous les Sacrements...*

A parler de l'Afrique, un vieil Africain s'oublie. Amis dévoués de la Propagation de la Foi, lisez les pages qui suivent : vous y trouverez grand intérêt, grand plaisir et grand profit.

Alexandre LE ROY,
Archevêque de Carie
Ancien Vicaire Apostolique du Gabon.

Paris, octobre 1927.

Au Congo français
les missions catholiques

CHAPITRE PREMIER

De Bordeaux à Matadi
Escales et Missions de la Côte

A bord de l'*Asie*. — Les Missionnaires français en Afrique — Dakar : Les Pères du Saint-Esprit. — Konakry. — Libreville. — Loango et Pointe-Noire.

Sur le paquebot.

De Bordeaux à Matadi, vingt-deux jours de traversée par les paquebots des « Chargeurs Réunis » ! L'avion serait plus rapide, mais n'est pas à portée de mes moyens. Comme le prudent Ulysse, je me confie à la mer.

Les chaudières sont sous-pression. Tour à tour graves et aigus, la sirène lance ses cris d'adieux. Les amarres sont lâchées. L'*Asie* vogue vers le large.

Malgré soi, on a une certaine émotion à voir rompre les liens qui attachent au rivage. « Partir c'est mourir un peu. » Et puis bientôt, c'est la houle qui berce le navire sur l'immensité de l'Océan.

Avec plus d'égoïsme, mais plus de ferveur encore que Ronsard, on se prend à murmurer avec lui :

« Bateau qui par les flots ma chère vie emporte
Des vents en ta faveur les haleines soient mortes. »

Ou mieux à réciter la belle prière de l'Église

à la Vierge Marie : *Iter para tutum* ; « Assurez-nous, Étoile de la mer, une route tranquille et sûre. »

*
* *

L'*Asie* est un bateau confortable. Ce n'est pas une ville flottante comme les luxueux transatlantiques. Mais c'est un gros village flottant qui peut loger cinq cents habitants, sans compter les passagers de pont. La place publique y est très fréquentée et les potins vont leur train. Sur un espace restreint, 139 mètres de long sur une trentaine de large, des hommes vont se coudoyer pendant près de trois semaines sans autres distractions que de s'observer mutuellement[1].

*
* *

« Quelque grand que soit un espace, on peut en concevoir un plus grand et encore un qui le soit davantage et ainsi à l'infini sans jamais arriver à un qui ne puisse être augmenté. » Ainsi pense Pascal. J'avais espéré que la mer me donnerait la sensation de l'infini. Mais l'immensité de l'Océan n'apparaît pas. Il faut y réfléchir et raisonner. Dans les jours calmes, on a l'impression de glisser sur un vaste lac fermé à l'horizon. La mer ne saisit pas comme les montagnes dont les hauteurs nous écrasent.

Les mouettes gris d'argent, aux ailes pointées de noir, escortent le bateau.

*
* *

Dans le golfe, la mer s'agite, le vent souffle. La

---

1. Au cours de ce voyage, en Afrique (novembre 1924-mars 1925), j'ai eu l'occasion d'emprunter un autre paquebot des Chargeurs, le *Tchad*, dont l'aménagement ne vaut pas celui de l'Asie, mais dont je n'ai pas moins gardé excellent souvenir pour la cordialité de la vie à bord.

houle devient grosse. Les énormes fauteuils de cuir du salon sont projetés en avant malgré les poids lourds qui les chargent, tel ce gros monsieur, au ventre rebondi, qui somnolait sur le *Figaro* et que le choc a réveillé.

*
* *

Orage et tempête.

Le spectacle est magnifique. Les vents sonores soulèvent les flots. La mer se creuse en vallées profondes. Elle entre en furie et écume de rage de ne pouvoir arrêter le navire dont les hélices puissantes fendent ses eaux. Les vagues bondissent contre les flancs et déferlent sur les ponts. Elles se poursuivent, luttent les unes contre les autres, se heurtent pour se briser et s'épuisent en une mousse abondante...

Autour de nous, de gros nuages noirs coupés par l'arc-en-ciel ; au loin, à l'arrière plan, une tache d'azur et, soudain, la pluie, un ruissellement de diamants sur les eaux en courroux.

Le lendemain, le calme : les vagues moutonnent doucement. Ainsi va la vie. Un jour, les évènements nous agitent et nous bouleversent. La bourrasque passe. Que faire ? Suivre l'exemple des marins. Ils cherchent à ne pas se laisser détourner de leur route, à maintenir la direction droit au but, sans dévier : de cette façon, ils évitent les éceuils et ne s'égarent point.

*
* *

La messe à bord.

Messe matinale dans la solitude de la petite cabine où le P. Hemme vient me rejoindre.

Ensemble nous prions pour que le règne du Christ arrive. Comme Il est inconnu, non seulement dans l'Afrique immense, mais même parmi les siens, tous ces baptisés qui sont avec nous sur le bateau et dont beaucoup ont tout oublié de leur catéchisme.

Messe du dimanche dans le grand salon où, à d'autres heures, on s'amuse et on danse. Un certain nombre de passagers y assistent. Très aimablement, une artiste se met au piano et recherche dans son répertoire quelque pieux souvenir : *Le ciel a visité la terre*, l'*Ave Maria*, de Gounod. J'étais surpris de voir, très fidèles, quelques messieurs dont les sentiments religieux ne m'avaient pas paru excessifs... « Vous savez, c'est pour vous faire plaisir », me dit l'un d'eux, comme pour s'excuser... Peut-être, mais à certaines heures, la grâce du bon Dieu travaille les âmes plus profondément que nous ne pensons.

*
* *

Nous sommes en vue de Casablanca. Nous approchons des Canaries. La température change. Les vêtements blancs apparaissent. Le coucher du soleil a été magnifique. Il s'est englouti dans la mer, barrant, d'une raie d'or pourprée, l'horizon où un énorme nuage noir baignait dans l'émeraude des flots, tandis que plus haut s'allumait dans le ciel la première étoile.

*
* *

La côte d'Afrique.

L'Afrique Noire ! Le continent fermé et mystérieux que l'Islam, avec la complicité, hélas, des nations chrétiennes, a trop longtemps exploité pour l'ignoble trafic des esclaves. Aujourd'hui, terre largement ouverte par la hardiesse des explorateurs et des missionnaires. L'apostolat, presque partout, peut s'exercer librement. Mais au prix de quelles difficultés et de quels sacrifices ! « L'Afrique, écrit Mgr Le Roy, citadelle redoutable, défendue par le climat, la terre, les animaux et les hommes, et dans les fossés de laquelle 900 des nôtres sont déjà tombés. Mais sur ces morts héroïques et obscurs, d'autres assaillants ont passé et voilà la vieille forteresse envahie ; de l'est à l'ouest, les missionnaires peuvent aujourd'hui se donner la main. »

Toutes les nations de la vieille Europe ont collaboré à cette œuvre par les meilleurs de leurs fils. Portugais et Espagnols, Allemands et Français, Anglais et Belges, Italiens et Américains, tous ont travaillé d'un même cœur. Dans les territoires protégés par le drapeau de la France, toutes nos grandes Congrégations missionnaires — en dehors des Missions Étrangères spécialisées dans l'Extrême-Orient — sont représentées sur le continent africain. Parmi les Congrégations modernes organisées pour les Missions, trois principales ont été créées pour l'apostolat en Afrique : les Pères du Saint-Esprit, les Pères Blancs de Lavigerie et les Pères des Missions Africaines de Lyon. Quand on cause avec les coloniaux, on remarque très vite qu'ils les confondent toutes. Qu'importe le régiment : tous les missionnaires font partie de la même armée de l'apostolat. Et à tous les soldats de cette armée, les coloniaux, quelle que soit personnellement leur opinion religieuse, donnent généralement la plus large sympathie.

*
* *

Demain Dakar. La vie coloniale, la brousse

vont reprendre ces hommes qui aiment tant, avec les affaires, les plaisirs de la vie mondaine.

L'*Asie*, c'est encore un peu la France, sa fine cuisine et ses vins généreux. Mais demain ce sera la solitude, l'isolement.

Avec entrain, il faut profiter d'aujourd'hui : *Carpe diem* ; et des gens graves organisent un dîner travesti... c'est la fête traditionnelle du bord au profit des orphelins de la mer !

Longtemps dans la nuit, les danses se prolongent.

*
* *

Dakar.

Huit jours de pleine mer. Joie de toucher enfin le continent...

Dakar, la ville impériale dont l'importance sur la côte occidentale d'Afrique augmente chaque année. Le port se dispute avec Santa Cruz de Ténériffe et Las Palmas des îles Canaries, les grands paquebots qui sillonnent l'Atlantique sud. De création relativement récente, son outillage très moderne pour le ravitaillement en charbon et en eau ; sa situation avantageuse ; les travaux de dragage qui permettent à plus de douze bateaux de mouiller ensemble dans la rade ; les quais d'accostage et, pour les navires de commerce, tous les aménagements nécessaires à une manutention rapide ; les vastes bassins de radoub, autant d'avantages qui assureront peu à peu à Dakar un rôle de premier plan dans les routes maritimes.

A peine l'*Asie* a-t-elle franchi la passe qu'une troupe de négrillons aux cheveux crépus se précipite à la rencontre du bateau. Leurs mains tendues sollicitent quelques piécettes de monnaie. Une dame lance un jeton de cinquante centimes qui s'enfonce dans la mer. Vingt têtes plongent pour le suivre, quarante mains s'efforcent de le saisir tandis que les pieds s'agitent... Souple et vigoureux, le vainqueur remonte rapidement à la surface, la pièce entre les dents, écartant joyeusement les concurrents qui s'ébrouent et rient de leurs dents blanches, s'offrant aux passagers pour une nouvelle expérience.

*
* *

On m'attend à la Mission et j'ai hâte de m'y rendre. Le Père Procureur me saisit au débarcadère. La maison est au complet. La retraite annuelle s'achève. De tous les coins du Sénégal, les Pères sont réunis. Il y a les vétérans et les jeunes et, parmi ceux-ci, un jeune prêtre noir attaché à la Mission de Casamance.

On s'est ingénié pour faire place au voyageur, heureux de se trouver, dès son arrivée sur la terre d'Afrique, dans un centre missionnaire. Pour me donner de suite une note exotique, le menu comporte quelques plats indigènes. Les yeux sont fixés sur moi, tandis qu'on me présente le *couscous* et les légumes soudanais. J'avale le tout sans trop sourciller. Mais je manque d'entraînement. Inutile de dire que je n'étais pas à plaindre : d'excellents plats européens suivaient les premiers.

*
* *

Le Vicariat Apostolique de Sénégambie, réuni à la Préfecture Apostolique du Sénégal, est confié aux Pères du Saint-Esprit.

Cette Congrégation et le Séminaire du même nom ont été fondés à Paris, sur la montagne Sainte-Geneviève, le 20 novembre 1703, en la fête de la Pentecôte, par un jeune et saint étudiant du Collège Louis-le-Grand, Claude Poullard des Places, originaire de Rennes. Pendant tout le XVIIIe siècle, la petite Société prépara des Missionnaires, pour la France, les colonies françaises, l'Acadie et l'Extrême-Orient.

Après la tourmente révolutionnaire, elle reprit péniblement son œuvre. En 1840, le Père Libermann lui infusa une vie nouvelle. Emu de compassion à la vue de l'abandon de la race noire en Afrique, il avait eu l'inspiration de fonder avec deux de ses amis du Séminaire de Saint-Sulpice, une Société nouvelle. Quelques années plus tard, les Missionnaires du Saint-Cœur de Marie fusionnèrent avec la Congrégation du Saint-Esprit dont le vénérable Libermann devint Supérieur général en 1848. Ce fut pour la Congrégation le point de départ d'un développement qui n'a cessé de s'étendre à travers le monde entier. La reconnaissance de la Société par le gouvernemnet de Louis XVIII a été maintenuè en 1901 par le Conseil d'État [1].

*
* *

Le lendemain de mon arrivée, j'ai l'honneur de chanter la messe de clôture de la retraite : une messe de *Requiem* pour tous les missionnaires, religieux et religieuses, tombés au champ de l'apostolat.

L'office se déroule dans la petite église provisoire sobrement décorée de tentures funèbres. Les chants liturgiques s'élèvent puissants et majestueux, exécutés par une chorale qui serait appréciée dans nos meilleures paroisses de France. Avec quelle émotion je prie pour les vaillants

---

1. La Maison Mère des Pères du Saint-Esprit est située à Paris 30, rue Lhomond.

pionniers qui ont préparé l'évangélisation de ces terres « ingrates et désolées ». A la communion, de nombreux fidèles s'avancent à la Sainte-Table, européens et noirs réunis et confondus dans la divine égalité du Sacrement. Tous sont uns dans le Christ. Le peuple qui gravit les degrés de l'autel, quelle que soit sa couleur, commence une ascension divine...

Le jeune prêtre noir m'assistait pour l'absoute : Seigneur, couronnez ceux qui ont travaillé pour vous ; faites germer la semence qu'ils ont jetée et multipliez leurs successeurs dans l'apostolat.

*
* *

Mgr Le Hunsec, voulut me faire visiter lui-même sa ville épiscopale. Un auto nous conduisit à Bel Air nous agenouiller sur la tombe des premiers missionnaires et jouir d'une belle vue sur le port dont la *Corniche* nous permettra d'admirer un autre aspect.

Dakar est une ville moderne où rien ne manque. Hôpitaux et écoles se multiplient. L'Église catholique devait prendre sa place. La construction de la Basilique du Souvenir Africain s'achève sur un merveilleux emplacement. La belle coupole centrale, surmontée de la croix, dominera bientôt toute la ville et affirmera, à côté des mosquées, la vitalité du catholicisme.

L'œuvre d'évangélisation avance lentement dans ce Vicariat fortement islamisé. Sur plus d'un million deux cent mille habitants, on compte 23.000 catholiques, 5.000 protestants, 900.000 musulmans et 300.000 païens.

Les missionnaires sont au nombre de quarante-deux, dont trois prêtres indigènes. Les grands séminaristes sont au nombre de cinq. Dans une visite rapide, nous saluons les Sœurs de Saint-Joseph de Cluny et les Sœurs de l'Immaculée-Conception de Castres dont les écoles et les dispensaires sont très fréquentés. Mgr Le Hunsec tient aussi à me conduire chez les Sœurs du Saint-Cœur de Marie, des religieuses indigènes, qui sont de précieuses auxiliaires dont l'évêque est justement fier [1].

*
* *

En quittant Mgr Le Hunsec, je notai ces lignes sur mon carnet de voyage : « Le successeur de Mgr Jalabert, si tragiquement disparu dans le naufrage de l'*Afrique*, est un breton, énergique et décidé, jeune et alerte. Hardiment, il pousse en âvant la conquête de l'âme noire ».

*
* *

Les mois ont passé. Le Supérieur général des Pères du Saint-Esprit, le vénéré Mgr Le Roy qui semblait robuste comme les chênes, a plié sous le poids de la lourde tâche. Il s'est démis du fardeau que le Chapitre Général a placé, avec approbation du Saint-Siège, sur les épaules du Breton « jeune et alerte, énergique et décidé » qu'est Mgr Le Hunsec. Sous sa direction, la Congrégation ne déviera pas de l'esprit du Vénérable Libermann.

Et un autre, Mgr Grimault, a reçu charge du Vicariat Apostolique de Dakar pour continuer la conquête de l'âme noire.

---

1. Cf. sur le Vicariat de Dakar, la conférence de Mgr Descamps après son voyage en ces régions : « Ce que j'ai vu en Afrique Occidentale Française ». Conférences de l'Union Missionnaire du Clergé 1924-1925, Téqui, éditeur.

*
* *

Conakry.

A l'exception de Dakar, la plupart des ports de l'Afrique Occidentale ne permettent pas aux paquebots d'aborder à quai. La pétroleuse du bord nous conduit vers la jetée à travers la grande rade bien abritée de la houle et des vents par les îles de Loos. Le R. P. Quillaud. Vicaire Général de Mgr Lerouge, alors retenu en France, nous offre sa voiture, un « pousse » à deux roues et à deux places. Sous les manguiers géants et les palmiers élancés, nous nous rendons à la Mission, à l'extrémité de Conakry.

Maison épiscopale, école, résidence, maison d'œuvres, sont réunies dans un vaste enclos qui est une ancienne ferme. Tout est simple, propre, bien aménagé. Les enfants, aux physionomies ouvertes et éveillées, se tirent vraiment à leur honneur de leur compliment.

On a appelé la Guinée « le Jardin de la France ». Placée entre la sablonneuse aridité du Sénégal et la sombre splendeur des forêts de la Côte d'Ivoire, elle offre aux regards charmés une végétation aimable, gracieuse, mesurée. Les contreforts du Massif du Fouta Djalon, nœud orographique de toute l'A. O. F., viennent se prolonger jusqu'à la mer en collines verdoyantes.

Au point de vue chrétien, les consolations sont rares. La population très mélangée comprend : 1.553.000 musulmans sur 1.876.000 habitants. La prédication chrétienne glisse sur les âmes islamisées. Les fétichistes eux-mêmes, au nombre de plus de 320.000, sont encore à peine entamés et les chrétiens ne dépassent pas 7.000.

*
* *

Après une agréable promenade à travers les belles avenues où les villas se dissimulent dans la verdure, le Père Quillaud me conduit à l'église paroissiale. Avec délicatesse, il me fait admirer un ciboire, don de l'Œuvre Apostolique, ce qui me permet de constater que bien des choses manquent. Les murs eux-mêmes crient misère. Il est temps de songer à rebâtir. Mgr Lerouge s'en préoccupe et veut donner à Conakry une église digne de l'élégance et de l'importance de la ville.

Tout auprès de l'église, non loin d'une belle place publique où s'élève la statue de Ballay, le premier Gouverneur de la Guinée, se trouve le bâtiment des Sœurs de Saint-Joseph de Cluny. La vénérable Supérieure a 78 ans d'âge et 50 ans d'Afrique. Ses jambes commencent à être lourdes, mais sa tête est encore vive pour diriger tout son petit monde. Les enfants, formées le matin aux travaux ménagers, apprennent le soir les éléments du français. La petite séance qu'elles improvisent montre leurs talents.

L'enseignement chrétien s'organise : 25 écoles primaires et professionnelles réunissent 2.343 élèves.

Les missionnaires secondent les efforts du Gouvernement pour introduire, dans la culture du pays, de nouvelles méthodes. La charrue à bœufs doit être substituée au « daba », sorte de pioche de jardinage, si l'on veut que le sol livre sa richesse. Les essais promettent d'excellents résultats. Les bovins du pays se laissent facilement dresser et 825 hectares sont actuellement cultivés par 149 charrues.

Dans quelques années, la Guinée doublera sa production et elle pourra, par ses envois, concurrencer, par exemple, les millions de bananes que fournissent les Canaries.

*
* *

La mise en valeur du pays est plus facile que le travail des âmes. Cependant d'heureuses prémices s'annoncent. Une petite Congrégation de religieuses indigènes a été fondée et rend déjà, dans les dispensaires et les tournées des villages, de précieux services. Un Grand Séminaire commence à Dixin. Le Père Quillaud me dit sa confiance dans l'avenir, tandis que la fanfare exécute, au cours du dîner, *Sambre-et-Meuse* et la *Marseillaise*. Les musiciens jouent avec ardeur et soufflent magnifiquement dans leurs cuivres.

*
* *

En longeant la côte de l'A. O. F.

Un troupeau de marsouins poursuit le navire... Une masse compacte : des milliers peut-être. Ils s'avancent par bonds, sautent par-dessus les vagues, plongent un instant et, de nouveau, s'élancent en avant.

Belle occasion pour les chasseurs. Le Commandant ne la manque pas... Sous les balles, la bande se disperse. L'un d'eux continue à sauter dans l'eau rougie et, derrrière lui, laisse une longue traînée de sang.

*
* *

A Tabou, le paquebot embauche pour le reste du voyage, aller et retour, une équipe de « kroumen », robustes et hardis navigateurs qui exécuteront à bord tout le gros travail, trop fatigant, sous une certaine latitude, pour des européens. Leur petite barque vogue à toute allure. Ils pagayent en cadence avec un trident dont ils labourent les eaux, et ne cessent de chanter ou de crier d'une voix nasillarde. Stature puissante, muscles saillants, torse velu : leur teint, de bronze plutôt que d'ébène, leur donne l'aspect d'une statue antique.

A peine arrivés près du paquebot, ils s'élancent, dans un parfait désordre, à l'assaut du bord, grimpent avec une adresse extraordinaire, s'accrochent à tout ce qu'ils peuvent saisir et se hissent, ruisselants de sueur, riant et s'interpellant. Parfois, d'une main, ils préservent jalousement une petite malle ou une petite caisse, tout leur trésor, qui se composera de quelques bananes et de quelques piments. Un plongeon dans l'eau ne les effraie pas : ce sont des enfants de la mer.

Toute une partie de l'équipe va disparaître dans les profondeurs du navire pour graisser les machines et alimenter les chaudières. Les autres seront chargés de la manutention des colis ou de l'entretien des ponts qu'ils frotteront à la brique avec fureur, dès l'aurore, au désespoir des dormeurs paresseux.

*
* *

La Côte d'Ivoire, la Côte d'Or, le Togo, le Dahomey et une partie de la Nigéria sont évangélisés par les Pères des Missions Africaines de Lyon.

Lomé, Cotonou, quels souvenirs ces noms évoquent pour moi et quel plaisir de retrouver, au retour, des administrateurs et des coloniaux que j'ai vus dans ma randonnée à travers le Togo et le Dahomey [1]. Du bord, j'envoie mon hommage à Mgr Cessou et à Mgr Steinmetz.

---

1. Cf. Mgr BOUCHER, *A travers les Missions du Togo et du Dahomey*, Téqui, éditeur.

KONAKRY : LES PETITES SŒURS DE NOTRE-DAME DE GUINÉE
ET LEUR MAITRESSE DES NOVICES

Libreville : Entrée de la Mission Sainte-Marie

* *

Courte escale à Duala. Le paquebot est obligé de se tenir en rade, loin du port, ce qui ne permet pas aux passagers de descendre. Mais les coloniaux de Duala en profitent pour venir faire une partie de plaisir en pleine mer.

En certaines parties du Cameroun, les conversions se multiplient avec une prodigieuse rapidité. Les missionnaires débordés ne suffisent plus à la besogne : *Messis multa operarii autem pauci.* La moisson est abondante, trop peu nombreux les ouvriers.

* *

Lentement le soleil tombe dans la mer et éteint dans les eaux son globe de feu... La brise s'élève et fait succéder à la chaleur lourde et écrasante une fraîcheur délicieuse.

* *

Libreville.

Le blanc clocher de la Mission émerge de la verdure comme un point de repaire pour les navires qui entrent dans l'estuaire du Gabon. Libreville s'allonge sur la rive nord de la baie. Les deux clochers, celui de l'église Sainte-Marie, à l'ouest, et celui de l'église Saint-Pierre, la paroisse du plateau, à l'est, en marquent, à peu près, les deux extrémités.

Mgr Martrou vient me prendre à bord avec le canot à vapeur de la Mission, la *Sainte-Anne*, un peu âgée, un peu ridée, cette pauvre *Sainte-Anne* qui, depuis bien des années, a parcouru les routes fluviales du Vicariat. Aussi l'Évêque est fier d'annoncer qu'elle sera bientôt remplacée par

3

une chaloupe nouveau modèle, avec un moteur de 24 chevaux, une merveille pour la visite des Missions du Fleuve.

Une belle allée de manguiers et de cocotiers, aux fûts élancés, conduit à la Mission établie sur l'emplacement de l'ancien Fort d'Aumale. Les enfants des écoles nous attendent, ayant à leur tête les Frères de Saint-Gabriel, mes premiers compagnons de voyage, que je fus heureux de retrouver là et qui me firent fête.

L'école est un des joyaux du Vicariat ; plus de trois cents élèves dont 120 pensionnaires. Le programme est celui du certificat d'études primaires avec un cours complémentaire pour préparer aux carrières administratives et commerciales qu'offre la Colonie. Pour les métiers manuels existe une école professionnelle que dirige un jeune prêtre Pahouin, le Père Jean-Baptiste, aidé de spécialistes, chefs d'ateliers, pour la mécanique, la menuiserie, l'imprimerie.

« Une ère nouvelle semble s'ouvrir pour le Gabon qui a connu toutes les vicissitudes d'un enfant pauvre, me disait le Frère directeur. « L'Okoumé », ce roi de la forêt équatoriale, s'est imposé à l'attention du monde [1]. Aussi, de tous les coins de l'horizon accourent, comme vers une nouvelle Californie, une foule de gens séduits par l'idée d'un gain facile : *Auri sacra fames...* Parallèlement à la prospérité matérielle, le progrès moral suivra-t-il une courbe ascendante ? » D'où la nécessité de former une élite de chrétiens instruits et habiles dans leur métier.

1. L'Okoumé du Gabon est classé sous le nom de « Boswelia Klainiana » ou encore : « Aucoumea Klaineana ». L'adjectif n'est pas sans intérêt. Il rappelle le nom de celui qui l'a fait connaître, un missionnaire, le Père Klaine, des Pères du Saint-Esprit, qui passa quarante-sept ans au Gabon, de 1864 à 1911.

Les Sœurs de l'Immaculée-Conception de Castres dirigent les œuvres féminines : orphelinat, cours ménager, dispensaire.

Il faut faire vivre toutes ces œuvres et tout ce petit monde. Heureusement le coprah vaut 225 fr. les 100 kilos et la vanille, qui se marie aux branches des pignons d'Inde, vaut 325 fr. le kilo. Malgré tout, il reste des déficits au budget et les subventions de la Propagation de la Foi ne sont pas inutiles.

A l'autre extrémité de la ville, à un bon quart d'heure de la Mission, les œuvres du « Plateau » sont installées autour de l'église paroissiale, l'église Saint-Pierre, une des rares églises d'Afrique construites — il y a quelques années, il est vrai — par le Gouvernement français. Le dispensaire où pendant cinquante ans, de 1859 à 1911, s'est dévouée Sœur Saint-Charles, attire toujours de nombreux clients.

*
* *

Avant de quitter la Mission, je m'agenouillai sur les tombes des deux premiers évêques du Gabon : Mgr Bessieux, de 1848 à 1876 et Mgr Le Berre, de 1877 à 1891.

Leurs noms méritent d'être cités à l'honneur dans notre histoire coloniale. Au lendemain des défaites de 1870, on pensa un instant abandonner le Gabon. L'Amiral commandant l'escadre de l'Atlantique avertit les missionnaires et leur offrit de les transporter ailleurs.

— « Non, répondirent Mgr Bessieux et le Père Le Berre. C'est ici que la Providence nous a conduits ; c'est ici que nous resterons pour représenter, seuls, s'il le faut, l'Église catholique et notre chère France. Nous sommes ici à une porte :

d'une année à l'autre elle peut s'ouvrir sur un immense continent. Nous attendrons. »

Cette fermeté fit impression sur l'Amiral. La mesure fût ajournée, et depuis la porte s'est ouverte. Sans nos missionnaires, la France posséderait-elle le Congo ?

La porte s'est ouverte et l'Église a passé, continuant son œuvre séculaire.

Mgr Martrou est le cinquième Vicaire Apostolique du Gabon. Ses prédécesseurs immédiats, Mgr Le Roy et Mgr Adam vivent encore. Je lui souhaitai de connaître les longues années de ses prédécesseurs.

Nous nous séparâmes le lendemain à Port Gentil, lui pour remonter l'Ogoué, moi pour continuer mon voyage. Et nous ne devions plus nous revoir.

Quand je repassai, à mon retour, on était sans nouvelles de Mgr Martrou. Le Père Rémy, son Vicaire Général, était inquiet. Quelques semaines après, nous apprenions sa fin prématurée. Il a laissé à son successeur, Mgr Tardy, un Vicariat en plein développement. Plus de 20.000 chrétiens ; 6 prêtres indigènes ; 26 grands séminaristes ; des religieuses indigènes. Ce n'est pas encore l'heure de la conversion en masse. Mais les idées chrétiennes pénètrent peu à peu : « Continuons d'ajouter celles de notre foi tout d'abord à ce qui reste de juste et de pur dans l'âme ensommeillée du paganisme, écrit le Père Briault qui a longtemps travaillé en ces régions ; lorsqu'elles y auront germé, le jour viendra d'en voir les fruits[1] ».

---

1. Maurice BRIAULT, *Sous le zéro équatorial*, Paris 1927, Bloud et Gay. Études très attachantes sur la vie missionnaire au Gabon et études écrites par une plume d'artiste.

LIBREVILLE : LA CRÈCHE DES SŒURS

LIBREVILLE : LE DISPENSAIRE DE SŒUR SAINT-CHARLES

* *

Pointe-Noire.

Pointe-Noire, un gros village, deviendra demain un des ports les plus importants de l'Afrique Equatoriale. Ce sera le point d'arrivée du Brazzaville-Océan actuellement en construction. Le Directeur de la Compagnie des Batignolles, M. R., nous fait très aimablement les honneurs des premiers kilomètres.

Mgr Friteau, qui réside à Loango, se propose d'établir un centre de Mission pour les travailleurs du chemin de fer, en attendant de fixer lui-même sa résidence à Pointe-Noire. — « Vous êtes, lui dis-je, Monseigneur, un privilégié parmi les évêques d'Afrique. Votre Vicariat a été le siège d'une chrétienté florissante [2]. Au xviiie siècle, les peuples suppliaient les missionnaires de venir chez eux. Si nombreux étaient les baptêmes qu'il fallait les donner sur la place publique. Le roi lui-même assistait les missionnaires. » L'Évêque sourit. Cette chrétienté n'a pas laissé de traces. Le travail de l'évangélisation n'est pas plus facile à Loango qu'au Gabon. La besogne est dure, mais elle est consolante. Huit prêtres indigènes aident les missionnaires et 17 grands séminaristes se préparent à en augmenter le nombre. Partout sur cette côte d'Afrique, un travail profond s'accomplit...

2. *Histoire du Loango, Kakongo et autres royaumes d'Afrique*, par l'abbé Proyat, Paris et Lyon, 1776.

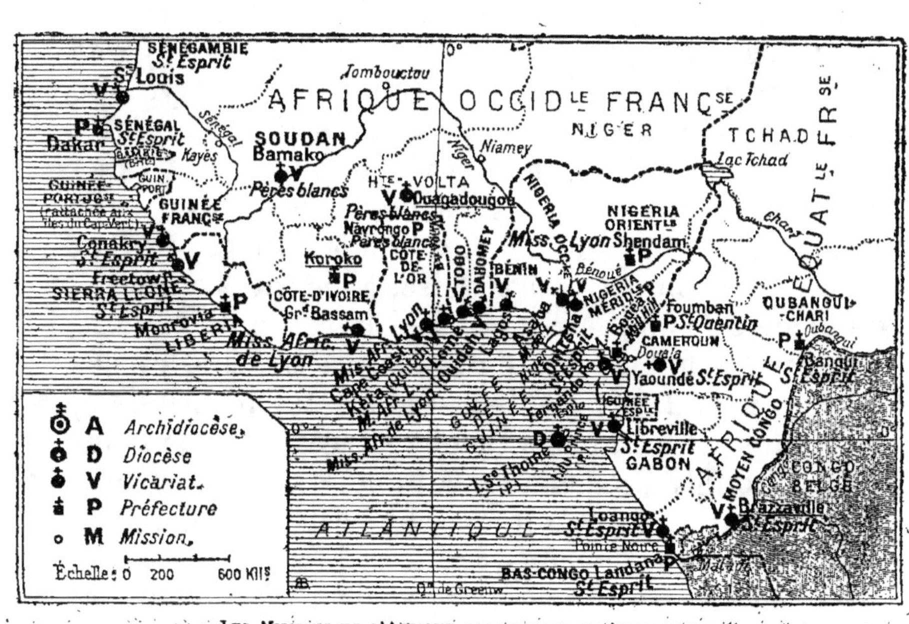

LES MISSIONS DE L'AFRIQUE OCCIDENTALE ET ÉQUATORIALE

CHAPITRE II

A travers le Congo Belge

L'estuaire du Congo. — Léopold II et la colonie belge. —
Le chemin de fer de Matadi-Kinchassa. — La Mission des
Rédemptoristes. — La nuit de Noël à Thysville. — La
situation religieuse du Congo Belge. — Les Missions protestantes et le Kimbangisme. — Léopoldville et Kinchassa.

Draînées depuis 4.600 kilomètres à travers
l'immense cuvette congolaise, après avoir percé
dans des cluses profondes les chaînes du Mayombe
qui leur barraient la route vers l'océan, les eaux
du Congo, le septième fleuve du monde pour sa
longueur, s'épanouissent en un large et imposant
estuaire, entre Banana sur la côte belge et San
Antonio sur la côte portugaise, avec un prodigieux
débit de 80.000 mètres cubes à la seconde.

Le paquebot monte lentement à travers les îles
qui coupent le lit du fleuve dont les palétuviers,
aux multiples racines enchevêtrées, bordent les
rives. Longtemps classé comme inutile, ce bois
lourd, dur, et imputrescible, est actuellement
recherché pour la construction des voies ferrées.
Le palétuvier est un exemple de l'ingéniosité de
la nature dans ses modes multiples de reproduction.
Si la graine tombait de l'arbre, elle risquerait
d'être entraînée par les eaux. Mais elle germe sur
la branche et donne naissance à une liane souple
et longue qui se divise en rameaux innombrables,
plonge et s'enfonce dans la vase. Quand les rameaux
ont pris racine, la liane se détache de l'arbre
comme un fruit mûr. Abandonnée à elle-même,
elle devient le tronc d'un nouvel arbre qui mêlera,
avec les autres, ses racines et ses branches.

Après la grande île de Mateba, on arrive à Boma,

jusqu'à ces dernières années la capitale du Congo Belge. Trop éloignée du centre de la colonie, bâtie sur un sol marécageux et insalubre, cette ville est menacée d'abandon. Tous les services du Gouvernement général ont été transportés à Léopoldville.

Les eaux du fleuve roulent impétueuses. A peu de distance de Matadi, l'estuaire se resserre brusquement en un goulet de 2 à 300 mètres. Le courant, d'une force prodigieuse, tourne sur lui-même et creuse un abîme où s'engouffrent les eaux. Les navires redoutent, au moment des crues, le passage de ce lieu nommé le « Chaudron ». La machine, à toute pression, lutte avec peine contre la violence du courant. Il semble que le paquebot va être immobilisé et projeté dans l'abîme. Mais le pilote veille et, porté par des eaux plus calmes, on aperçoit bientôt les abords riants du grand port belge, Matadi, et la ville accrochée au flanc d'un rocher abrupt.

*
* *

Matadi est devenu le port le plus important de l'Afrique Equatoriale et son développement a suivi la prospérité croissante du Congo Belge.

Quelle histoire étrange que celle de la création de ce magnifique empire colonial par l'initiative hardie, la volonté tenace, la diplomatie habile du roi constitutionnel d'un petit pays ! Léopold II devança les destinées de son peuple qui, longtemps, hésita à le suivre. « Son cerveau est si vaste qu'on peut se demander s'il ne tient pas la place de son cœur », disait un de ses adversaires. Ce vaste cerveau devina l'avenir de l'Afrique. Dès 1876, il fonde « l'Association internationale africaine » pour mettre fin à la traite et explorer l'Afrique centrale. Les expéditions de Stanley le trouvent très attentif. Il les encourage, les subventionne, les prend à son compte et, moins de dix ans après, la Conférence de Berlin reconnaît, en 1885, la souveraineté et indépendance du Congo, propriété personnelle de Léopold II.

Sans quitter son fauteuil, le Souverain explore son nouveau domaine par l'intermédiaire de quelques agents d'affaires dont l'intelligence, chez eux certainement, a desséché le cœur. Des protestations plus ou moins désintéressées, mais en partie fondées, se font entendre devant de révoltantes atrocités et un mode odieux de colonisation. Le roi, pour échapper à la pression internationale de l'opinion publique, cède son domaine à la nation belge qui, en 1908, l'accepte après un long marchandage.

Une des initiatives les plus hardies du roi et de ses collaborateurs fut la construction du chemin de fer de Matadi au Stanley Pool. La navigation fluviale est interrompue à Matadi par une série de 32 cataractes. Depuis la découverte du fleuve « Zaïre », en 1484, par le portugais Diego Cam, l'obstacle avait arrêté tous les explorateurs qui précédèrent Stanley. Celui-ci comprit de suite la nécessité, pour la mise en valeur des richesses du centre africain, de relier les deux tronçons de la route fluviale du Congo.

Un groupe belge ayant à sa tête le colonel Thys, réussit à obtenir des crédits et prit la direction de l'entreprise. Les travaux commencèrent en 1890. Huit ans plus tard, les 392 kilomètres de ligne étaient achevés, malgré les difficultés financières et la pénurie de la main-d'œuvre. Les adversaires avaient beau plaisanter le « tramway jou-jou », construit, disait-on, pour l'amusement des nègres, l'effort était remarquable et les résultats furent excellents. Les recettes de ce petit chemin de fer à voie étroite atteignirent rapidement un million par mois. Aujourd'hui, il ne suffit plus à assurer le trafic normal. Une réfection complète, commencée depuis 1920, portera sa capacité de transport, dans chaque sens, à 1 million de tonnes.

Les Belges ont compris l'utilité du rail. Après l'achèvement du réseau actuel qui compte déjà plus de 2.000 kilomètres, la riche région du Katanga libérée de sa dépendance des chemins de fer britanniques, déversera sur Matadi ses immenses richesses.

Quant au Congo français, il attend encore ses moyens de communication avec la mer et, pour atteindre Brazzaville, il faut traverser d'abord le Congo belge !

*
* *

Les Pères Rédemptoristes qui dirigent la Mission de Matadi, ont l'habitude d'accueillir très fraternellement les missionnaires français. Une maison a été construite pour les hôtes de passage. L'hospitalité est cordiale : installation peu luxueuse ; un matériel plus ou moins entretenu ; mais un vénérable Supérieur, des plus aimable, et une bonne pipe à votre disposition dans la salle de communauté.

Un Frère me conduit à travers les rues escarpées de la ville, et m'initie aux mystères de la « Manu-Congo ». Cette Compagnie a le privilège, en bonne et due forme, de faire perdre une journée aux voyageurs et de les obliger à de longues stations, sous le soleil brûlant, pour transporter leurs colis du quai jusqu'à la gare. Je commence à apprendre que la patience est, en Afrique Equatoriale, la première des vertus. Tard, sur le soir, je suis enfin muni de mon billet « Matadi-Kin ».

*
* *

La nuit a été étouffante. La journée ne le sera pas moins. Je passerai dans le train cette veille de Noël, un train spécial organisé pour les passagers du paquebot français. On se case de son mieux : administrateurs coloniaux, fonctionnaires des douanes, missionnaires, officiers, médecins, valises. et un sympathique toutou qui vient de France pour explorer l'Afrique. Chacun est muni de sa boîte repas et de provisions de route achetées, à prix d'or, aux factoreries. La sardine d'une boîte Amieux, augmentée du prix du voyage Nantes-Matadi, revient à un taux évidemment coûteux. Il en sera ainsi tant que l'industrie locale ne concurrencera pas l'importation. En attendant, il y a les bananes. Le Père Supérieur en a rempli ma caisse et, en cours de route, aux principales gares, les noirs offriront. à prix modique, de magnifiques régimes.

On sait quand le train part, disent les vieux coloniaux, on ne sait jamais, à un jour près, quand il arrive. Le dicton sera démenti cette fois et l'horaire officiel à peu près tenu.

La ligne longe le Congo, puis un de ses affluents ; elle suit le fleuve en ses méandres, côtoie les abîmes et donne l'impression de l'immense effort humain qui a été nécessaire pour dompter les obstacles accumulés par la nature.

La petite machine crache tout ce qu'elle peut de vapeur pour grimper la rampe qui domine le fleuve, contourne le Pic Cambier et monte lentement en lacets.

Les plus beaux spectacles deviennent monotones pour le voyageur que la chaleur fatigue. De loin en loin, l'attention se réveille. La fine poussière grise des usines de ciment de Lukala marque sur le paysage africain la prise de possession de la vie industrielle, comme le clocher de Tumba marque le progrès du christianisme.

La voie monte toujours, laisse sur la gauche le massif de Bangu qui dresse ses crêtes à plus de mille mètres et passe entre des vallées profondes et des montagnes couvertes d'une épaisse forêt.

Le train marche à une moyenne d'environ 20 kilomètres à l'heure. Partis à 6 heures du matin, nous arrivons le soir à Thysville à 17 h. 30. Nous avons parcouru 231 kilomètres et nous sommes à 750 mètres d'altitude. En deux jours, nous atteindrons Kin.

Le même accueil cordial qu'à Matadi m'attendait à Thysville. Je fêterai à la mission la nuit de Noël. La messe dite de minuit se célèbre à l'aurore. Je suis témoin de la dévotion des chrétiens, arrivés en bandes des villages voisins au chant des cantiques traditionnels.

*
* *

Mon passage est trop rapide pour que je puisse donner une impression personnelle sur la situation religieuse du Congo Belge. Mais les statistiques montrent les résultats obtenus : 381.012 baptisés et 214.763 catéchumènes.

La colonie est divisée en 14 Vicariats Apostoliques confiés à différentes Congrégations : Pères Blancs, Missionnaires de Scheut, Pères Jésuites, Trappistes, Prêtres du Sacré-Cœur, Prémontrés, Rédemptoristes, Pères du Saint-Esprit, Bénédictins, Salésiens, Franciscains. Le personnel des Missions comprend 1013 membres étrangers dont 480 prêtres, 250 Frères et 283 Religieuses aidés de 7.420 catéchistes ou instituteurs indigènes.

Le Gouvernement apprécie le rôle civilisateur des missionnaires. Il les encourage et les subven-

Église de Libreville

LES CATARACTES DU CONGO

tionne. Aussi les Congrégations Belges, qui sont nombreuses et florissantes, ont-elles donné, dans cette colonie, leur principal effort.

Il faut reconnaître que le Congo belge n'en a pas moins été, pour les Missions protestantes, un champ d'expérience largement ouvert. 25 Sociétés différentes, non seulement belges mais américaines, anglaises, danoises ou internationales, recrutent des adeptes. 653 missionnaires étrangers, aidés d'un personnel indigène de 4.528 membres, groupent 53.486 baptisés et 42.791 catéchumènes. L'avance catholique est, certes, considérable. Mais les protestants, en 1924, tiennent la tête dans l'enseignement avec 2.500 écoles et 74.632 élèves, contre 2.096 écoles catholiques groupant 59.832 élèves.

Le principe protestant du libre examen a donné naissance à un mouvement politico-religieux qui offre un vrai danger. Le fondateur, Simon Kimbango, a soulevé, en 1921, des villages entiers. Le Gouvernement a dû intervenir avec vigueur. Actuellement, le Kimbangisme se présente sous un aspect purement religieux. L'Esprit, qui a parlé aux Blancs, a aussi parlé aux Noirs, mais d'une autre manière. Il leur a révélé surtout qu'ils pouvaient bien se passer de leurs maîtres et écarter l'autorité de l'État. « L'Afrique aux Noirs » est la devise qui fait le succès du Kimbangisme. Le district de Thysville a été très travaillé et un Père m'avoue que la lutte n'est pas finie.

Les catholiques cherchent à contrebalancer l'influence dissolvante du protestantisme en développant leurs écoles, en formant des élites, en montrant par des faits, la supériorité du catholicisme pour émanciper vraiment la race noire.

Une des initiatives les plus heureuses est la ferme-école de Kinsantu, organisée par les Pères

Jésuites. Nous traversons la région. La charrue mécanique et les tracteurs agricoles défrichent le sol africain. Devant les résultats, les critiques les plus acerbes ont dû se taire.

De loin en loin, s'élèvent de belles plantations d'eucalyptus, créées pour assainir les terres marécageuses. Dans les gares, quelques indigènes chantent des Noëls dont je reconnais les vieux airs. La fête se passe un peu tristement dans ce wagon surchauffé où les escarbilles de la machine tombent en pluie sur nos vêtements et les brûlent. Mais les coloniaux prennent avec le sourire les incidents de la route. Ils plaisantent, plus qu'ils ne gémissent, sur le peu de confortable des hôtels A. B. C. et les prix très élevés qu'ils ont payé à Matadi et à Thysville.

A mesure que nous approchons de Kinchassa, l'horizon s'élargit et bientôt apparaissent les premières maisons. On a l'impression, dès l'arrivée, d'une ville qui se crée. Partout des immeubles en construction, des villas, des maisons de commerce, de larges avenues, l'éclairage électrique, des autos qui circulent.

Les bâtiments de la Mission ne le cèdent en rien aux hôtels des services publics. L'église est une construction en briques, de style gothique, fort élégante, avec de belles verrières. Je constate la passion des missionnaires européens pour le style gothique qui me semble un contre-sens, en ces pays, où les verrières offrent aux rayons du soleil un passage facile et dangereux.

Chargés de Léopoldville, la nouvelle capitale du Congo Belge, dont Kinchassa est le faubourg, plus important que la ville, les Pères de Scheut ont obtenu les résultats les plus consolants. Kin compte plus de 20.000 habitants dont un millier d'européens. La moitié des indigènes sont catholiques.

Les meilleures relations, et très fréquentes, existent entre les Pères de Scheut et les Pères du Saint-Esprit de Brazzaville. Le « Pool » seul les sépare, le « Pool » où le fleuve, avant de reprendre sa course en cascades vers l'Océan, vient reposer un instant ses eaux dans une sorte de mer intérieure, de 450 kilomètres carrés de superficie, semée d'îles verdoyantes comme la grande île centrale de Bamu.

Des « bateaux-mouches » circulent d'une rive à l'autre et, à l'arrivée du train, nous transportent vers la rive française que nous atteignons enfin au soir de Noël.

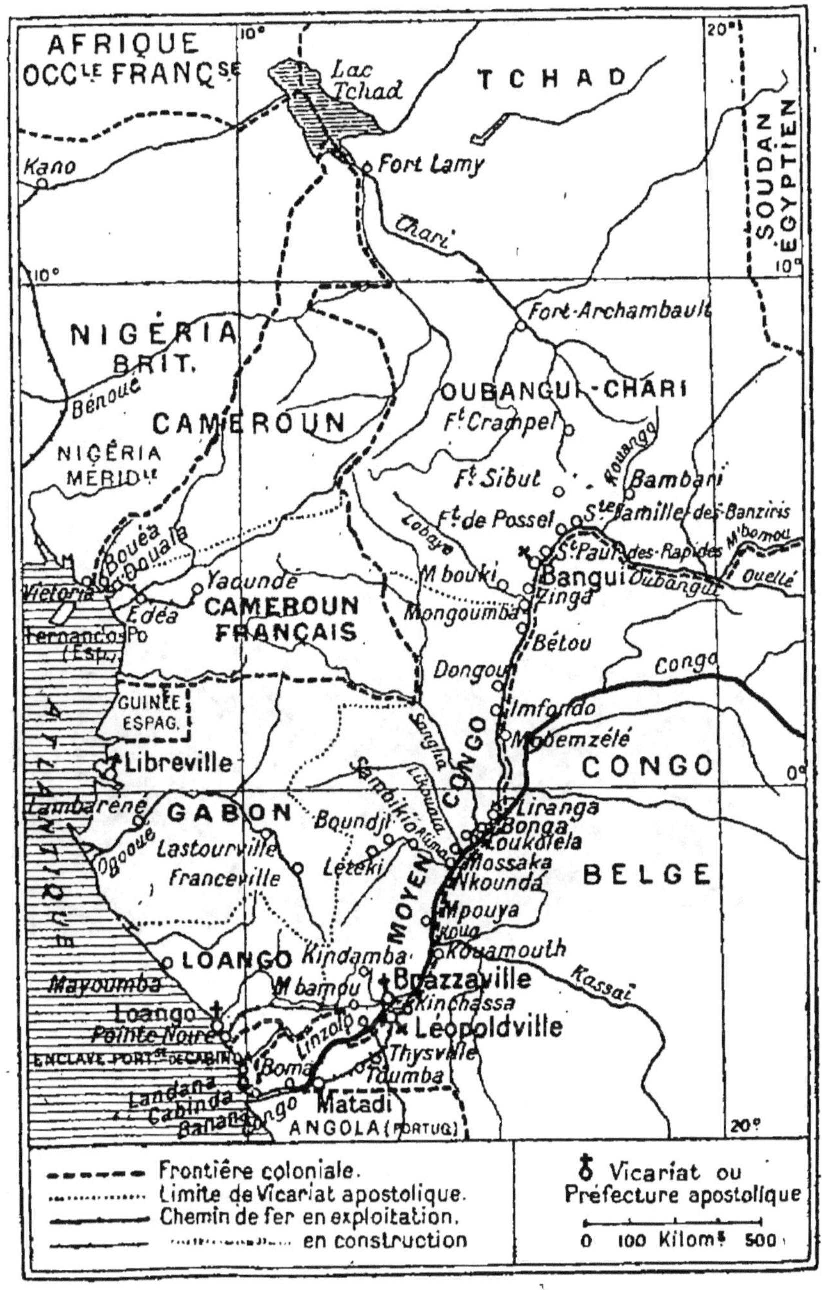

LE VICARIAT APOSTOLIQUE DE BRAZZAVILLE :
LA ROUTE DU FLEUVE

BRAZZAVILLE : LA CATHÉDRALE ET LES BATIMENTS DE LA MISSION

BRAZZAVILLE : DANS LE JARDIN DE L'HOPITAL DES SOMMEILLEUX
(DÉPENDANCE DE L'INSTITUT PASTEUR)

CHAPITRE III

Brazzaville et ses environs

Brazzaville. — La nécessité du Brazzaville-Océan. — La
situation économique. — Le nouveau poste de T. S. F. —
— Excursion en « pousse ». — Le « Belvédère ». — Le
retour : surpris par une tornade.

Depuis le jour où le sergent Malamine assura,
par la crânerie de son attitude, le respect du
drapeau français flottant sur le village de Mfoa
et obligea Stanley à se retirer sur la rive gauche
du Congo, une ville s'est formée sur la rive droite,
un peu en amont des rapides de Kintamo, qui a
reçu le nom du pacifique conquérant du Congo
français. Brazzaville est le chef-lieu du Moyen
Congo et le siège du Gouvernement général de
l'Afrique Equatoriale Française.

Située sur le Pool, en face de Léopoldville et
de Kinchassa, la capitale française fait pauvre
figure, il faut le reconnaître, quand on la compare
à la capitale belge. Entre les deux villes, le contraste
est frappant et n'est pas à notre avantage. Des
routes inachevées, des chemins à peine tracés, des
bâtiments provisoires, donnent au voyageur qui
débarque une impression pénible pour notre
amour-propre national.

Avec une population de 450 européens et de
5.000 indigènes, Brazzaville s'étend de l'est à
l'ouest sur une longueur de cinq kilomètres et
s'enfonce à l'intérieur jusqu'à un kilomètre de
la rive.

A l'est, *la Plaine*, centre du commerce et des
grandes sociétés congolaises : Banque française
de l'Afrique, Société du Haut-Congo, Maison
Hollandaise, Messageries fluviales et, à l'extrémité

les pylones de la T. S. F. *La Plaine* se prolonge par un ancien marécage. Les employés et les travailleurs des factoreries y ont établi leur village qui a reçu le nom expressif de Poto-Poto. Au-dessus une colline d'où la vue embrasse un large horizon et domine le fleuve. Là, s'élèvent l'église, modeste cathédrale, et les bâtiments de la Mission solidement construits en briques depuis plus de trente ans.

A l'ouest, *le Plateau*, occupé, avec quelques factories, par les bâtiments de l'Administration civile, les hôpitaux et l'Institut Pasteur.

Au nord-ouest, le quartier militaire, *le Tchad*, qui doit son nom à l'installation des magasins et des services administratifs du bataillon du Tchad constitué, en 1900, lors de la fameuse expédition Marchand. Non loin, s'est organisé un village habité surtout par les Sénégalais.

Enfin, à l'ouest du Plateau, de l'autre côté d'un ravin, le village *Bakongo* qui termine la ville.

*
* *

Le plus grand obstacle au développement de Brazzaville est la difficulté des moyens de communication, difficulté qui pèse, du reste, sur toute l'Afrique Equatoriale et particulièrement sur le Gabon et le Moyen-Congo. Tandis que les Belges ont réalisé de suite un chemin de fer pour prolonger jusqu'à l'Océan la route du fleuve, l'administration française s'est contentée d'étudier des projets, de sorte qu'après un demi-siècle de colonisation, rien encore n'a été fait pour assurer les transports. « De toutes nos colonies, écrivait récemment M. H. Paulin, ingénieur au Ministère des Colonies, l'Afrique Equatoriale Française est celle à laquelle la Métropole s'est le moins intéressée. Elle a été véritablement la Cendrillon de notre grande famille coloniale. Comme en Guyane, ce qui constitue sa véritable richesse, la forêt, a fait aussi son malheur parce qu'elle a été un obstacle aux tentatives de mise en valeur, non seulement de ses richesses propres, mais aussi de celles de l'arrière pays. Ajoutons à cela l'esprit d'indécision qui n'a cessé de régner dans la Métropole toutes les fois qu'il s'est agi de passer de la conception d'une œuvre nécessaire à son exécution. On ne peut oublier que c'est en 1887, il y a trente-six ans, qu'ont été entreprises les premières études du chemin de fer dont les chantiers viennent de s'ouvrir [1]. »

Il semble que l'attention de la Métropole est enfin éveillée. M. Antonetti a été nommé, en 1925, au gouvernement général de l'A. E. F. L'activité déployée à la Côte d'Ivoire par le nouveau Gouverneur général pour résoudre le problème des routes, permet d'espérer qu'il ne négligera rien pour doter l'Afrique Equatoriale de l'outillage économique dont cette colonie a besoin.

Le Parlement a voté les ressources nécessaires pour la construction du Brazzaville-Océan. Le projet dit des « Batignolles », du nom de la Société qui l'a proposé, comprend une ligne à voie large, de 540 kilomètres, divisée en deux sections : la section côtière de Pointe-Noire à la sortie du Mayombe, 172 kilomètres ; et la section de Brazzaville au Mayombe, 368 kilomètres.

Cette ligne desservira la région des mines de cuivre actuellement reliée à Brazzaville par le petit chemin de fer minier de Mindouli et assurera

1. H. PAULIN, *L'Afrique équatoriale française*, Paris 1924, P. 38.

le transport des produits et marchandises des territoires Oubanghi-Chari-Tchad. L'embouteillage du chemin de fer Kinchassa-Matadi et du port de Matadi lui-même, en 1920, montre que, sans redouter la concurrence, les deux chemins de fer, belge et français, peuvent exploiter les plus larges possibilités économiques.

Actuellement le pays n'est pas mis en valeur. La population très clairsemée, rend la main-d'œuvre rare. L'absence de moyens de transports complique encore le problème en exigeant le recours au portage. Dans ces conditions, la situation économique est médiocre. Une faible partie des richesses minières, 60.000 francs à peine, l'ivoire, les amandes de palme et le caoutchouc, écoulés par le petit chemin de fer de Mindouli à Brazzaville, constituent presque tout le commerce d'exportation. L'importation comprend principalement les boissons, les tissus, les armes, les conserves alimentaires, les machines et outils. La France et ses colonies y contribuent pour la plus large part.

Le commerce progresse assez lentement. Il avait passé pour le Moyen-Congo et l'Oubanghi-Chari-Tchad de dix millions en 1900 à trente-trois millions en 1913. Après le fléchissement des années de guerre, il n'était remonté, en 1922, qu'à 26.919.761 francs, dont 15 millions aux importations et 11 millions aux exportations. Cette somme se décomposait en 3.157.813 francs pour l'Oubanghi-Chari-Tchad, et 23.761.948 francs pour le Moyen-Congo.

Plus favorisé par ses débouchés sur la mer, le Gabon a organisé l'exploitation de ses forêts et l'industrie de la pêche. Son commerce atteignait 38.108.855 francs, dont plus de 27 millions aux exportations, ce qui donnait, en 1922, un total

de 65.028.616 francs pour l'Afrique Equatoriale
Française [1].

* *

En attendant que le rail, l'auto et l'avion
assurent des relations plus rapides et plus faciles
avec Paris, la T. S. F. dresse ses pylônes géants
par où, en un instant, s'établira la liaison de notre
empire colonial avec le cœur de la France.

Le poste récepteur, dont jouissait déjà Brazzaville, sera remplacé désormais par un poste complet,
doté des derniers perfectionnements.

A l'extrémité de *la Plaine*, à l'est de la ville,
dans un vaste enclos, on a construit les bureaux,
les habitations du personnel et les halls des machines
Le directeur technique, un capitaine du Génie,
a l'amabilité de nous faire visiter les travaux en
cours. Huit pylônes, de 150 mètres de hauteur.
plongent dans un sol humide à souhait. Pour
alimenter les dynamos, un puissant moteur
Diesel et une machinerie à vapeur de 1.800 chevaux ont été établis. Les trois chaudières, de
chacune 220 mètres carrés de surface de chauffe,
exigeront environ trois tonnes 1/2 de bois par
heure. La forêt équatoriale, elle-même, aura

---

1. Depuis 1922, le mouvement commercial a accentué ses progrès.
Il a passé à 97 millions en 1924, à 155 millions en 1925 et à
275 millions en 1926. Ce dernier chiffre se décompose ainsi :

COLONIES	IMPORTATIONS	EXPORTATIONS	TOTAUX
	(en millions de francs)		
Gabon............	50,2	58,6	108,9
Moyen-Congo	89,5	26,0	115,5
Oubangui-Chari ..	19,6	20,5	50,1
Tchad............	4,7	5,6	10,4
TOTAUX ...	170,2	104,8	275

(Cf. *Afrique Française*, déc. 1927.)

peine à suffire et, pour ne pas déboiser les alentours de Brazzaville, un bateau spécial ira chercher au loin l'aliment des chaudières dévorantes. Le montage des machines et des appareils est long et délicat. La moindre pièce qui se casse pose un problème au Congo. « En Afrique, nous disait un contremaître, il faut apprendre à faire un boulon avec un morceau de bois ! » Mais bientôt le poste pourra jeter ses ondes puissantes et communiquer avec Bamako, et même directement avec la Croix d'Hyns. Ainsi la pensée française se répandra à travers l'Afrique. « Ça, manière de blanc ». Oui, mais vraiment merveilleuse, même pour les blancs[1] !

*
* *

Les environs de Brazzaville ne sont pas dépourvus de pittoresque. Le congé de Noël me donnera l'occasion de faire la promenade du « Belvédère », à six ou sept kilomètres de la ville.

Les enfants de la Mission nous devancèrent joyeusement, gambadant comme des écoliers en vacances, et portant sur leur tête, à la mode du pays, les provisions du déjeuner. Nous les suivîmes en « pousse ». Le pousse est une voiturette monoroue que deux spécialistes, des pousseurs, conduisent au pas de course, l'un par devant, l'autre par derrière. On s'habitue très vite à ce mode de locomotion qui, au début, paraît un peu instable. Les pousseurs franchissent l'obstacle à toute allure prennent les virages sans hésiter, et, en conducteurs de véhicule fiers de leur privilège, font écarter les piétons du sentier par de retentissants « Djila ! Djila ! ».

---

1. L'inauguration officielle de ce poste qui, désormais, fonctionne normalement a été faite en avril 1927.

Tous les européens font leurs courses en pousse et, le soir, avant la chute du jour, les élégants et les élégantes de Brazzaville se promènent avec leur équipage aux uniformes brillants, aussi fiers dans leur monoroue, sur les sentiers de la brousse, que les habitués du Bois dans leurs automobiles.

La Mission entretient deux équipes de pousseurs qui jouissent d'une réputation méritée. Un léger costume bleu, bordé de rouge, et une calotte rouge les distingue de loin. Nous partîmes donc en pousse, le Père Supérieur et moi, laissant les jeunes Pères rouler sur leurs bicyclettes rapides.

En cours de route, nous visitons le village Bakongo. Les indigènes de cette race, douce et craintive, ont rendu, dès l'origine, de grands services comme porteurs et fournissent encore la plupart des travailleurs aux mines de la région. Le village est coquet, les cases bien alignées et séparées les unes des autres par d'élégantes clôtures de bambous. L'administration en surveille la tenue et exige l'ordre. Elle l'obtient facilement en menaçant les individus de quelque amende, ou en menaçant la collectivité de suppression du « tam tam » en cas de manquement grave aux règlements de la voierie.

La route, dite de la Corniche, est sablonneuse, peu favorable à l'auto, à peine suffisante pour la bicyclette. Mais elle surplombe le fleuve et permet de jouir de la splendeur des eaux qui semblent avoir hâte de quitter le Pool.

Un peu plus loin, le village Batéké dresse ses cases coniques sur un plateau. Les Batékés forment la race supérieure du Moyen-Congo. Grands chasseurs, intelligents, industrieux et fiers, ils aiment vivre indépendants sur les plateaux arides, et se tenir à l'écart. Mais, peu à peu, ils se laissent conquérir par la civilisation et même par le christianisme qui commence à pénétrer parmi eux.

Le grondement du fleuve se mêle aux cris des enfants que nous rejoignons au confluent du Djoué dont les eaux bondissent en cascades Le paysage prend de plus en plus d'ampleur jusqu'au sommet de la colline du « Belvédère »

Une case, bien aménagée, ornée de simili défenses de buffles, et meublée de fauteuils confortables, constitue le « Belvédère » Un tirailleur la garde et entretient les terrasses qui s'étagent sur le flanc de la colline La civilisation a marqué de son empreinte ce paysage sauvage

Le fleuve submerge de ses eaux les rochers et les maigres arbustes qui ont trouvé moyen d'y prendre racine Quelques semaines auparavant, des contrebandiers essayèrent de traverser sur la rive belge. Sept sur huit furent noyés dans les rapides. Le huitième demeura deux jours accroché aux branches d'un arbre. Du haut du Belvédère le gardien l'aperçut et avertit l'autorité. Des prisonniers acceptèrent de tenter le sauvetage. Comment ont-ils pu lutter contre un pareil courant ? Comment n'ont-ils pas été emportés eux-mêmes dans l'abîme ? Les primitifs, pour le sport qui leur est familier, pourraient battre tous les records. Les sauveteurs réussirent à ramener le rescapé. Ils n'ont pas eu de médaille de sauvetage, mais ils avaient bien mérité leur liberté.

*
* *

Nous devisions tranquillement, après un excellent déjeuner, dont une antilope avait fait les frais, lorsque le temps s'assombrit brusquement. La tornade menace, peut-être l'orage. On se hâte de partir, mais il est trop tard. Le soleil se cache, les nuages s'amoncellent, le ciel baisse à vous écraser, une tonalité triste et grise succède aux rayons joyeux. Tout se tait et, soudain, la pluie éclate ; de larges gouttes marquent le sol, puis des torrents d'eau se déversent ; une douche tiède se précipite sur vous, traverse vos vêtements, pénètre vos membres, se moque de vos imperméables, s'infiltre dans toutes les fissures qu'elle découvre ou provoque...

La route devient un ruisseau aux eaux hardies, presque impétueuses. Les pneus glissent, les coureurs précipitent leur allure et leurs pas font gicler l'eau. J'ai l'impression que tout va chavirer. Mais nos hommes sont habiles et vont au grand trot, d'un pied sûr.

Les enfants se sont dispersés. Leur vêtement craint peu. Ils s'alignent à la file. Chacun s'est ingénié à découvrir une feuille de bananier qui, posée sur sa tête, forme un parapluie improvisé. L'un d'eux fait un faux pas et s'allonge sur la route, c'est-à-dire dans le ruisseau. A peine le temps d'entendre fuser les éclats de rire de ses camarades et, déjà, il est debout secouant mon sac qu'il portait fièrement et qui est en piteux état ! La course a repris à travers les sentiers de la petite brousse où les pieds des coureurs collent à la terre molle, se débattent dans l'herbe mouillée, tandis que la pluie persiste sans arrêt, presque froide maintenant. L'eau ruisselle et vous glace. Et voici que, soudain, les gouttes peu à peu se ralentissent, le ciel se dégage, le soleil paraît dont les rayons de feu vont absorber très vite toute l'eau qui est tombée pendant ces deux heures.

— « Vous avez été favorisé, me dit le Père Guitton, avec son sourire angevin. La tornade a, pour vous, devancé la saison.

Jusqu'à fin janvier, la pluie est rare : c'est la petite saison sèche. Elle se réserve de tomber abondante du 20 janvier au 15 mai : c'est la grande saison des pluies. Ensuite, jusqu'en octobre, ce sera la grande saison sèche. suivie de la petite saison de pluies. L'eau tombe une centaine de jours par an et donne une moyenne de 1.312 millimètres. Aujourd'hui, vous avez été privilégié. Il n'y a pas eu d'orage et nous arrivons à la Mission pour nous changer. »

Le Père avait raison : j'étais privilégié. J'ai pu apprécier la tornade et je n'en ai pas subi tous les inconvénients. Quand le missionnaire est surpris par l'orage, au cours de ses tournées, il se sèche comme il peut, et il reprend sa route sans se soucier des précautions qu'exige le climat pour un touriste prudent. L'Afrique Equatoriale n'est pas encore le pays des palaces et du confort.

CHAPITRE IV

La lutte contre la maladie du sommeil

La dépopulation au Congo. — La maladie du sommeil. — La mouche tsé-tsé. — Les phases de la maladie. — Le remède sauveur. — Conditions du succès. — L'Institut Pasteur de Brazzaville. — Les secteurs médicaux. — Mesures de prophylaxie.

La question de la dépopulation au Congo français présente les caractères les plus graves et les plus inquiétants. La mortalité excessive constatée par les statistiques, si approximatives soient-elles, donne une indication qu'on ne peut négliger. Le recensement de 1921, comparé à celui de 1911, indique un fléchissement déplorable[1].

	1911	1921
Gabon	1.050.000	388.778
Moyen-Congo	900.000	581.143
Oubanghi-Chari	1.350.000	606.644
Tchad	1.650.000	1.245.416

Le nombre d'européens compris dans ces statistiques est insignifiant et à peu près stationnaire : 2.932 en 1921 contre 2.006 en 1911. La population indigène a donc diminué de 50 0/0 en 10 ans.

Le fait a ému les pouvoirs publics qui cherchent dans la lutte contre la maladie et le développement de l'hygiène un remède à cette situation.

La maladie du sommeil est le principal fléau de l'Afrique Equatoriale. Dès 1838, le capitaine de vaisseau Bouet de Villaumez, chargé de négocier avec les indigènes du Gabon pour établir un poste de ravitaillement sur le golfe de Guinée, signalait

1. H. PAULIN, l. c. p. 34.

de nombreux cas de maladie du sommeil, de syphilis, de lèpre, qui, disait-il, avec le libertinage et aussi l'avortement, ruinaient toutes les populations du pays.

Aujourd'hui, le progrès de la thérapeutique permet d'entreprendre vigoureusement la lutte. Soutenu par le Gouvernement, l'Institut Pasteur s'est mis à l'œuvre avec acharnement et persévérance. Un religieux, le Père Beauchêne, missionnaire de l'Oubànghi, atteint du terrible mal, demanda d'être envoyé en France pour servir de sujet d'expérience et faciliter l'étude de l'évolution de la maladie. Un matin de mars 1909, il s'endormit pour l'éternité en disant son bréviaire. Son bel exemple de dévouement mérite de n'être pas oublié.

La maladie du sommeil[1] est une maladie infectieuse, chronique, déterminée par l'action néfaste d'un dangereux parasite, le trypanosome. Le microscope le révèle comme un petit vermicule très mobile, de la classe des protozoaires flagellés que l'on trouve dans la lymphe, le sang ou le liquide céphalo-rachidien. Sa structure n'apparaît qu'après coloration. Découvert en 1901 en Gambie, en 1903 dans l'Ouganda, il fut très spécialement étudié au Congo, de 1906 à 1908, par la Mission Martin Lebœuf et Roubaud.

Le principal agent de transmission du trypanosome de Gambie a conquis une célébrité mondiale. La mouche tsé-tsé est un personnage dangereux dont les savants ont étudié avec soin la conformation et les mœurs. Classée sous le nom de

---

1. Institut Pasteur de Brazzaville, *Notions sur les Trypanosomiases humaines et animales de l'Afrique Equatoriale*, 1 brochure d 70 pages, Brazzaville 1922.

glossina palpalis, la tsé-tsé qui se rapproche de la mouche ordinaire par sa taille et sa couleur brune, s'en distingue nettement par ses ailes qu'elle replie complètement, au repos, l'une sur l'autre, comme les branches fermées d'une paire de ciseaux. Elle a un air très innocent, la pauvre petite bête, et elle se laisse facilement attraper.

Sur le *Dolisie* — elle pullule sur le Congo — le Dr R., qui en collectionne les diverses variétés, me vante ses mérites. Elle porte, en avant de la tête, une petite trompe de deux millimètres environ, garnie de stylets acérés dont les piqûres sont fort désagréables. Courte est sa vie, mais nombreuse sa progéniture. Dans les trois mois d'existence qu'atteignent les très vieilles, elles ont pondu 8 à 10 fois, non pas des œufs comme les mouches vulgaires, mais de petites larves toutes formées. Elles les déposent à l'abri de la pluie et du soleil, dans des cavités d'arbres, dans le sable sec, ou dans des fourrés épais. La larve qui naît frétillante, comme les asticots qui découragent les amateurs de Roquefort, toute blanche avec deux points noirs aux extrémités, se transforme en quelques heures en une pupe immobile qui prend l'apparence d'un petit tonnelet ovoïde de couleur noire. Après un mois de vie latente, les pupes libèrent la mouche adulte qui prend son vol dès le lever du soleil, butine durant le jour, multiplie ses piqûres dès le soir, et se couche la nuit pour dormir en paix.

La tsé-tsé est une mouche propre et distinguée. Elle a horreur des excréments et les nègres qui le savent en enduisent leurs animaux pour l'éloigner. Mais elle est gourmande, très gourmande du sang qu'elle suce avec avidité. La malheureuse s'infecte ainsi elle-même en s'enivrant du sang d'un trypanosomé. Elle incube le germe durant un temps qui varie d'une semaine à un mois. A ce moment, elle est dangereuse, très dangereuse, redoutable, et malheureusement, elle ne se distingue en rien de ses sœurs indemnes et innocentes. On a reconnu, du reste, qu'une très faible partie des glossines existantes est infectée et que les moustiques et les autres insectes piqueurs peuvent être, eux aussi, des agents de transmission. La pratique du tatouage, de son côté, contribue, de temps à autre, à déterminer dans des cases ou des villages, de terribles épidémies.

La maladie du sommeil présente, après une courte incubation, deux phases bien caractérisées. A la première période, les trypanosomes envahissent la lymphe et le sang. Fièvre, somnolence, courbature, troubles du cœur, troubles profonds de la sensibilité, révèlent un état inquiétant. Le signe capital sera l'hypertrophie ganglionnaire des groupes cervicaux et sus-claviculaires. Une ponction et l'analyse microscopique ne laissent aucun doute sur la maladie. Si le médecin n'intervient pas aussitôt, les trypanosomes infectent peu à peu l'organisme tout entier. Ils envahissent les centres nerveux et le liquide céphalo-rachidien. Dans cette seconde période, l'issue fatale est toujours à craindre. Elle arrivera plus ou moins rapidement après une évolution variable suivant les individus. Rien n'est pénible comme la visite des cases d'isolement où vivent quelques-uns de ces malheureux condamnés : les uns s'avançant péniblement d'une démarche traînante et incertaine ; les autres étendus, dans un état de maigreur squelettique, plongés dans un accès de sommeil de mort ; ceux-ci secoués d'un tremblement nerveux et convulsif ; ceux-là enfermés comme des fous. Toute la gamme de la folie se retrouve chez ces pauvres épaves, depuis le simple délire, la douce folie de ce vieux chrétien qui prétend être Notre-Seigneur et nous reproche de ne pas le reconnaître, jusqu'à la démence la plus absolue, avec ses manifestations de fureur insensée.

Arrivera-t-on à trouver pour cette seconde période le remède spécifique ? Les savants l'espèrent et les laboratoires de l'Institut Rockfeller de New-York auraient découvert un nouveau phény-larsinate de soude, la tryparsamide, qui agirait efficacement sur les centres nerveux.

Jusqu'ici, la science n'est arrivée à guérison complète que pour la première période, lorsque le trypanosome n'a encore infecté que la lymphe et le sang. Le traitement préconisé par l'Institut Pasteur de Brazzaville, et appliqué dans tous les secteurs médicaux de la colonie, consiste dans six injections d'atoxyl alternées, à semaine passée, avec cinq injections d'émétique. La durée du traitement complet est donc de onze semaines.

Une longue file de trypanosomés attend sous le hall de l'Institut Pasteur l'heure du traitement. Chacun a une fiche médicale soigneusement tenue à jour. Il y en a des milliers dans les casiers qui témoignent des résultats obtenus. Les infirmiers indigènes, dans leur blouse d'un blanc immaculé, se préparent à faire les piqûres D'autres, dans un laboratoire, sont penchés sur des éprouvettes et étudient au microscope une prise ganglionnaire

Le docteur se félicite des qualités professionnelles de ses aides Ils sont habiles aux manipulations pratiques et aux recherches bactériologiques. Il est plus difficile d'obtenir d'eux une parfaite aseptie et une conscience scrupuleuse qui sache résister aux « matabiches » des malades. « Croiriez-vous, qu'il y a quelque temps, l'un d'eux a avalé avec délices un flacon de 250 grammes d'élixir parégorique... Impossible de découvrir le coupable. Personne ne s'est plaint d'avoir été fatigué ! »

L'Institut Pasteur de Brazzaville ne se contente pas de traiter les malades. Il ne cesse de poursuivre ses recherches scientifiques. Aussi entretient-il pour ses expériences une série d'animaux variés, dont un grand chimpanzé qui a déjà joué, à ses gardiens, plus d'un tour. Tout, dans cette maison, depuis le jardin délicieusement fleuri, jusqu'aux cases des animaux soigneusement tenues, tout donne l'impression d'un ordre méthodique et d'une inlassable activité.

*
* *

Le Gouvernement a développé considérablement dans ces dernières années les services d'assistance. « Si, par rapport à la superficie, écrivait le Dr Trautmann[1], l'importance du corps médical était, en France, le même qu'en Afrique occidentale, nous aurions 13 médecins dans toute la métropole, dont trois à Paris. L'Afrique Equatoriale nous donnerait des proportions aussi fantastiques puisqu'elle ne possède que 40 médecins, soit un médecin pour 72.500 habitants, avec un rayon d'action de 50.000 kilomètres carrés. »

Les résultats obtenus avec un personnel si peu nombreux, montrent ce que l'on pourrait réaliser si l'on disposait de moyens suffisants en hommes et en argent.

La colonie est divisée en « secteurs » que dirigent des médecins assistés d'infirmiers européens et indigènes. Une tâche immense incombe au médecin.

1. Dr TRAUTMANN, *Au Pays de Batouala*, Paris 1922, Payot, éditeur.

Sur la route du « Belvédère »

Village Batéké

BRAZZAVILLE : LES ENFANTS DES SŒURS DE SAINT-JOSEPH DE CLUNY
DEVANT LA CATHÉDRALE

BRAZZAVILLE : RÉUNION DES CATÉCHISMES
(dimanche 25 janvier 1925)

Des étendues considérables, inondées ou inhabitées, des moyens de transport insuffisants, rendent, au Moyen-Congo, les tournées longues et pénibles.

Pour la maladie du sommeil, le même programme est appliqué dans chaque secteur : le recensement des sommeilleux et leur traitement immédiat par des piqûres d'atoxyl qui, renouvelées régulièrement, en sauveront un grand nombre. Ainsi diminuent de plus en plus les porteurs de germes.

En même temps, on s'efforce d'assainir les agglomérations pour éloigner les tsé-tsé. Les administrateurs veillent à faire débrousailler et partiellement déboiser autour des habitations. Le regroupement des populations, l'établissement des villages dans un lieu sain, des mesures pour favoriser une alimentation saine et rationnelle, contribuent à la prophylaxie générale.

En juillet 1923, au Congrès médical d'Angola, le Dr Vassal[1] ne craignait pas d'affirmer, avec chiffres à l'appui, qu'au Congo Français, le développement de la maladie du sommeil était nettement enrayé. Ce succès est tout à l'honneur du corps médical qui travaille souvent dans des conditions les plus méritoires, et qui a su gagner, peu à peu, la confiance de l'indigène.

L'alcoolisme et la syphilis, la variole et autres épidémies, doivent être combattus avec non moins d'énergie que la maladie du sommeil. La mortalité infantile et, en certaines régions, de déplorables habitudes d'avortement, imposent également au médecin une constante surveillance. On comprendra facilement que ces problèmes, par leur répercussion, ne peuvent laisser indifférent le missionnaire. La collaboration de toutes les forces morales de

---

1. Cf. Le *Monde colonial*, novembre 1924, p. 314.

la colonie est nécessaire pour assurer au Congo l'avenir de la race.

*
* *

S'il est permis de terminer ce chapitre avec un sourire, racontons l'histoire que nous narrait, avec grand sérieux, un médecin de Brazzaville.

Un noir arrive à l'hôpital, atteint d'une hernie double. On l'opère d'urgence. On le bande vigoureusement, on ordonne la diète et l'immobilité absolue. Le lendemain de l'opération, on s'aperçoit que, pendant la nuit, l'opéré a déserté. Au désespoir l'infirmier requiert deux miliciens qui partent à ses trousses. Ils le trouvent dans son village, palabrant avec ses voisins sur son séjour à l'hôpital et dévorant à belles dents du manioc et du poisson fumé. Il ne. s'en porta pas plus mal et guérit parfaitement.

L'histoire est tout au moins symbolique de la résistance du noir et des merveilleux effets du soleil équatorial pour guérir les plaies des opérés.

CHAPITRE V

Écoles et Catéchismes

Le Pape et la formation des catéchistes. — L'Ecole de
Brazzaville. — Groupes et catégories de catéchumènes.
— Solidité de l'enseignement donné. — Le rôle du caté-
chiste dans les stations. — Les Petits Séminaristes. —
Les écoles du Vicariat.

L'importance de la formation des catéchistes
a été marquée avec force par Sa Sainteté Pie XI
dans l'Encyclique *Rerum Ecclesiae*.

« Nous ne pouvons passer sous silence, écrit
le Pape, une autre question d'une extrême importance pour la propagation de l'Évangile : nous
voulons dire la grande utilité qu'il y a à multiplier
le nombre des catéchistes choisis, soit parmi les
européens, soit, de préférence, parmi les indigènes ;
catéchistes destinés à aider les missionnaires dans
leur apostolat, principalement en instruisant les
catéchumènes et en les préparant au baptême.
Ce que doivent être ces catéchistes, comment
ils doivent gagner au Christ les infidèles, moins
par la parole que par l'exemple de leur vie, il est
à peine besoin de le dire.

« Quant à vous, Vénérables Frères, prenez pour
règle immuable de les former avec le plus grand
soin ; qu'ils possèdent à fond la doctrine catholique
et, quand ils l'exposent ou l'expliquent, qu'ils
sachent se mettre à la portée de l'esprit de leurs
auditeurs ; ils le feront d'autant plus aisément
qu'ils connaîtront plus intimement le caractère
des indigènes. »

L'école des catéchistes de Brazzaville répond
parfaitement à ce programme. Elle reçoit les
jeunes gens qui ont déjà acquis une solide instruc-

tion primaire. Elle complète leur instruction religieuse et développe leur formation morale pour les rendre dignes de leur rôle d'éducateurs. Mais l'enseignement n'est pas une pédagogie théorique. Il est éminemment pratique, et chaque jour, les élèves s'exercent dans les diverses sections des catéchismes, sous la direction d'un missionnaire et la surveillance des moniteurs.

Très variée est l'école d'application.

Brazzaville compte de nombreux catéchumènes. Ils se réunissent, les hommes le soir, les femmes le matin, en plein air, sous les palmiers et les manguiers qui entourent la cathédrale. Le catéchisme du soir offre un spectacle vraiment pittoresque. A six heures, la nuit tombe. Les photophores s'allument et, dans l'ombre, les bancs se garnissent promptement. Les groupes se forment suivant les langues. Il y a le groupe des Bacongos dont la langue est le *lari* ou *kikongo* ; le groupe des Bangalas dont la langue est le *lingala* ; le groupe des savants qui ont passé à l'école et savent le français.

Dans chaque groupe il y a trois catégories : les débutants de la première année que l'on appelle les postulants. On leur apprend la prière et les grandes vérités essentielles pour le salut. Après la première année, le postulant devient catéchumène s'il se trouve en règle au point de vue matrimonial ou, du moins, est exempt d'empêchements à s'y mettre. Le catéchuménat proprement dit occupe la seconde et la troisième année. Cette dernière comporte la préparation immédiate au baptême et à la première communion.

Il ne suffit pas de demander le baptême pour le recevoir. Comme dans la primitive Église, l'Évêque impose des années d'études et de probation :

trois ans d'assiduité au catéchisme et de conduite exemplaire.

Le missionnaire se préoccupe très particulièrement de développer dans le cœur des catéchumènes le désir du baptême et l'horreur du péché. Si la mort vient à surprendre l'un d'eux avant qu'il ait pu recevoir le sacrement, le désir y supplée. Le ciel s'ouvre pour celui qui a été fidèle à la prière et aux enseignements reçus.

Après le baptême, les néophytes ne sont pas abandonnés à eux-mêmes. Le catéchisme de persévérance les réunit, chaque semaine, pendant deux ans encore.

L'organisation de Brazzaville est donc très complète. La division par groupe permet d'atteindre chaque individu dans sa langue maternelle ou dans une langue qu'il s'est assimilée. Les Bacongos sont les plus nombreux. On en comptait, en 1925, près de 2.000 : 370 aux écoles ; 300 femmes le matin à neuf heures ; 600 hommes le soir à six heures. A quatre heures de l'après-midi, section spéciale des « boys », dits « boys marmites », petits domestiques employés ici ou là, au service des européens. Enfin, plus de 500 résident dans la banlieue, au village « Bacongo » ou au village « Potopoto ». On devine le travail qui incombe au missionnaire malgré toute l'aide apportée par les élèves catéchistes. Chaque samedi, le confesseur des Bacongos entendra entre 500 et 700 confessions en moyenne.

Les Bangalas sont moins nombreux, environ 500 dont 185 femmes, 155 hommes, 35 boys-marmites et 150 enfants, garçons ou filles. Ils crient à tue-tête et accompagnent leur récitation d'une gesticulation abondante : ce sont les méridionaux du fleuve.

Bacongos et Bangalas ne constituent pas toute

la population indigène de Brazzaville. A côté de ces deux groupements principaux, il en existe d'autres formés de gens venus de tous les coins de l'Afrique. Il y a des Loangos, des Gabonais, des Sénégalais, des Dahoméens et des représentants d'innombrables races du Haut-Congo, de l'Oubanghi et du Tchad.

Tout ce monde parle français. Les Loangos et les Gabonais l'ont appris dans les écoles des Missions de la Côte ; les autres à Brazzaville, ou dans les hasards de leurs pérégrinations. Ils l'ont appris, tant bien que mal, pour obtenir une bonne situation dans une factorerie ou dans un bureau.

La Mission ne pouvait négliger cette catégorie d'indigènes généralement influents, auxquels il faut encore ajouter les nombreux travailleurs du camp militaire et les élèves de l'école officielle, laïque naturellement. Pour catéchiser chaque groupement dans sa langue, vingt langues n'auraient pas suffi. Le français est un merveilleux trait d'union entre ces indigènes d'origine et de provenance diverses.

Ce n'est pas un spectacle banal que ces séances où quelques deux cents bouches clament, à l'envi, les réponses du catéchisme de l'Ile-de-France, parfois avec des accents variés et des inflexions étranges, mais toujours avec une conviction parfaite. Que l'on suppose une réunion de petits provinciaux à Paris où le parler français se nuancerait fortement de l'accent breton, auvergnat, marseillais ! Le plus grand inconvénient de ce groupe est le « nomadisme » des catéchumènes qui se déplacent avec une extrême facilité avant que leur instruction ne soit achevée. Seuls, les élèves de l'école laïque assurent un contingent stable et régulier.

Le catéchiste ne se contente pas de faire apprendre le texte que tous ses élèves répétent en chœur jusqu'à ce qu'il se soit bien gravé dans les mémoires. Il doit l'expliquer mot à mot et s'assurer que chacun a bien compris.

J'arrivai un soir dans le groupe des Balalis-Bacongos, au moment de l'explication, avec le Père Jaffré qui est un maître en la langue et voulut bien me servir d'interprète. La leçon roulait sur la présence de Dieu et le catéchiste avait développé ce thème : Dieu est présent partout. J'étais curieux de savoir ce que les auditeurs avaient compris. Je posai à l'un d'eux, au hasard, cette question : — « Dieu est-il présent dans l'âme d'un païen ? — Oui, Dieu est présent dans l'âme d'un païen. — Dieu est-il présent dans l'âme d'un chrétien ? — Oui, Dieu est présent dans l'âme d'un chrétien. Mais alors, il n'y a pas de différence ? — Oh si, Père, Dieu est présent dans l'âme d'un païen comme il est présent partout, par sa divinité. Il est présent dans l'âme du chrétien d'une présence plus intime, par sa grâce. »

On ne pouvait désirer réponse plus précise. Quelques interrogations chez les Bangalas sur l'institution de l'Eucharistie, chez les Français sur la Sainte Vierge, me donnèrent la conviction que l'instruction religieuse est vraiment sérieuse et peut rivaliser avec celle reçue dans bien des paroisses de France.

La séance se termine, avant la prière, par une exhortation qui m'a rappelé le « mot du chef » dans les catéchismes de Saint-Sulpice.

Le noir aime parler. Aussi les catéchistes sont-ils parfois vraiment éloquents. Celui que j'ai entendu n'avait pas lu le fameux sermon de

Bossuet sur la mort et, cependant, quelle vigueur et quelle force dans les apostrophes qu'on me traduisait ! « Soyez prêts à paraître devant Dieu disait-il... Savons-nous quand Il nous appellera... Un tel était assis sur ce banc, il n'y a pas huit jours. Il est mort. S'il n'était pas en état de grâce, s'il n'avait pas dans son cœur le désir du baptême, où est-il maintenant ? »

*
* *

La méthode de Brazzaville forme, non seulement des chrétiens, mais une élite de maîtres, des catéchistes, qui seront pour les missionnaires les plus précieux auxiliaires. En attendant le clergé indigène, ils suppléent le prêtre, et lui préparent la besogne. Les missionnaires occupent les stations principales ; les catéchistes sont à la tête des stations secondaires. Un terrain leur est donné : ils construisent, avec l'aide des catéchumènes, une petite école-chapelle, une case de passage pour les tournées du Père, une case pour les enfants qui leur sont confiés et une case pour eux-mêmes. Pour vivre, ils recevront un traitement infime, quelques vingt francs par mois et ils cultiveront leurs plantations, manioc, bananes patates, haricots et autres légumes indigènes.

Ils apprendront à leurs élèves les prières et le chant des cantiques. Ils expliqueront le catéchisme et, peu à peu, ils habitueront les enfants à lire le français.

Les jours de fête, on les verra à la tête d'une longue caravane se diriger vers la station principale pour assister, avec leurs ouailles, aux cérémonies religieuses. Ils laisseront auprès du Père, pour terminer les six derniers mois de leur probation, ceux qui se préparent à recevoir les premiers sacrements.

Le catéchiste est, pour les chrétiens, le chef religieux du village. Les païens eux-mêmes le respectent et le consultent dans les palabres. Les vieux écoutent les leçons qu'il adresse aux enfants et l'appellent à l'article de la mort pour lui demander le baptême. Beaucoup ont vraiment le souci de l'apostolat. Dans la région de Linzolo, un catéchiste a ramené 80 hérétiques dont 18 avaient été baptisés dans le protestantisme.

On comprend la nécessité d'une formation sérieuse pour remplir un rôle si délicat. Au début de la Mission, le choix était limité. On a dû improviser catéchistes d'excellents chrétiens, pleins de zèle et de bonne volonté, mais formés un peu hâtivement à leur ministère. La culture générale était médiocre. Certains, rencontrés le long du Fleuve, ne semblaient pas susceptibles d'exercer une influence très profonde.

Mais les jeunes gens qui sortent de l'école de Brazzaville donnent le plus grand espoir. Leur nombre a augmenté en 1925 de 70 0/0 dans le Vicariat et tout laisse croire que le recrutement ne faiblira pas.

*
* *

Les catéchistes sont une élite. Parmi cette élite, un petit nombre aspire à une vocation encore plus haute. Comme le Gabon, comme le Loango, comme les Vicariats de l'Afrique Occidentale, le Vicariat de Brazzaville cherche, dès maintenant, à recruter un clergé indigène. Quand on sait la réputation faite aux Noirs congolais, on est heureusement surpris, en visitant les classes du Petit Séminaire, de trouver des physionomies aussi ouvertes et des yeux aussi intelligents. Le doux Père Le Bail donne à ses séminaristes les soins les plus attentifs. Ceux qui m'ont accompagné au cours de mon voyage m'ont toujours édifié par leur piété et leur bonne tenue. Les servants de messe de Brazzaville pourraient soutenir la comparaison avec les petits clercs de Notre-Dame de Chartres. Huysmans aurait retrouvé en eux les mêmes qualités. « L'âme tendue et les mains jointes, à haute voix, lentement, avec attention et respect » ils récitent les versets du psaume et répondent aux prières du prêtre. Leurs gestes sont graves et harmonieux et ils accomplissent avec tant d'exactitude les rites liturgiques, que la beauté des offices se révèle dans toute sa splendeur, comme dans la plus magnifique cathédrale.

En classe, la récitation des verbes latins trouve en eux des interprètes sûrs et leurs explications montrent une connaissance réfléchie des règles de grammaire. Ils ne manquent pas d'initiative. L'un d'eux, Auguste, me le prouvera à la confirmation de Mbamou. Un autre, dont j'ai oublié le nom, mais dont je vois encore le regard clair et l'air éveillé, ne me surprit pas moins dans son explication d'un texte de La Fontaine. « Le Héron au long bec emmanché d'un long cou » faisait le thème de la récitation. Arrivé à ce vers :

> « Et montrait un goût dédaigneux
> Comme le rat du bon Horace «.

je lui demandai la signification du mot « goût ». J'attendais une réponse précise, les enfants des autres classes m'ayant maintes fois énuméré, avec fierté de les connaître, les cinq sens dont nous sommes doués. Mais mon petit bonhomme hésitait, réfléchissait et, après m'avoir laissé répéter : « Voyons, le goût ? qu'est-ce que le goût ? », il me servit soudain cette définition que je livre à la réflexion des philosophes : « le goût, c'est le bonheur dans la bouche ».

Pour n'être pas adéquate, elle a son originalité, disons sa saveur puisqu'il s'agit du goût.

*
* *

La Mission de Brazzaville entretient, au Petit Séminaire, à l'école des catéchistes/ ou à l'école primaire, environ 400 enfants, dont 100 internes. La nourriture de chaque élève représente en moyenne 0 fr. 50 de manioc et 0 fr. 10 de poisson ou de viande. Avec les dépenses accessoires, habillement, livres, et l'entretien des professeurs, on arrive à une moyenne de 1 fr. par tête, soit pour ces 400 élèves, une dépense de plus de 145.000 fr. par an.

Le Vicariat a fondé 15 écoles primaires, fréquentées par 1.758 garçons et 1.376 filles. Les écoles de catéchismes sont au nombre de 144, fréquentées par plus de 10.540 enfants. Même au Congo, les écoles sont une lourde charge pour le budget. Mais les missionnaires savent leur importance et ils ne reculent devant aucun sacrifice pour assurer, par l'éducation de l'enfant, le développement de la communauté chrétienne.

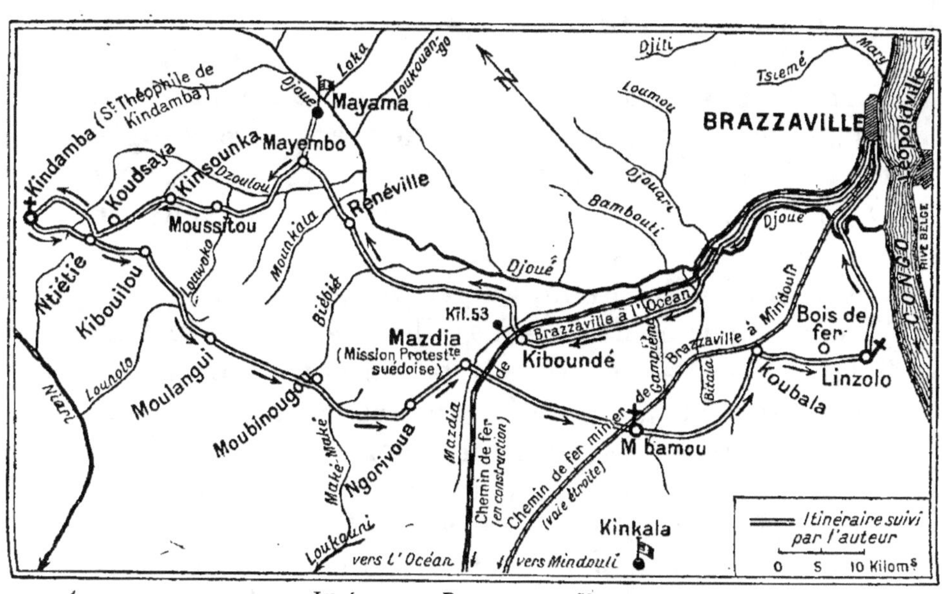

ITINÉRAIRE DE BRAZZAVILLE A KINDAMBA

CHAPITRE VI

Une tournée dans la brousse

I. De Brazzaville a Kindamba

Les premiers kilomètres du Brazzaville-Océan. — La cara-
vane et les douceurs du tipoye. — Mindouli et la ferme de
Renéville. — Les effets d'une tornade : le passage de la
Mounkâla. — L'étape du soir : Mayembô. — Le village
de Moussitou : le cadeau du chef. — Le catéchiste de
Kinsouka. — Les traditions des tipoyeurs.

Deux semaines dans la brousse, de village en
village, quelle bonne occasion de me rendre compte
des difficultés de l'apostolat dans ces pays neufs
où le missionnaire en est réduit aux moyens de
transport les plus primitifs !

A vrai dire, les débuts de ce voyage furent aisés.
La construction du Brazzaville-Océan se poursuit
et la voie est à peu près achevée sur un parcours
d'une cinquantaine de kilomètres. Les rails ont
été jetés pour le ravitaillement des chantiers.
Deux plate-formes, aménagées en wagons de
voyageurs, permettent aux ingénieurs ou aux
visiteurs d'utiliser les petites locomotives qui font
le service des travaux. Les enfants de la Mission
connaissent cette grande promenade qui est pour
eux un congé de faveur. Ils s'entassent avec joie
sur les plate-formes. Ils chantent, ils rient, ils
ouvrent leurs grands yeux étonnés d'être poussés
ainsi par le cheval de feu qui crache une pluie
d'étincelles brûlantes sur leurs dos stoïquement
insensibles.

La voie ne manque pas d'intérêt touristique.
Elle s'engage dans la vallée du Djoué, une rivière
africaine, aux eaux profondes et rapides, coulant

entre un fouillis d'arbustes et de lianes. Elle suit la rivière, tantôt sur une rive, tantôt sur l'autre, pour s'attacher ensuite à un affluent du Djoué, la Madzia.

Les ouvriers jettent sur le Djoué un pont métallique de 50 mètres de long. Mais la construction traîne. Une pièce, débarquée à Matadi depuis trois mois, n'avait pu encore être expédiée par le chemin de fer belge, malgré toutes les réclamations de l'administration. Ce simple fait justifierait la création de la piste automobile pour le transport, par camion, du matériel débarqué à Pointe-Noire. Avec un ravitaillement régulier, les travaux avanceront plus rapidement. On ne saurait s'étonner de leur lenteur quand on constate les obstacles que les ingénieurs ont dû surmonter pour exécuter, avec une main-d'œuvre inexpérimentée, les remblais, les tranchées profondes, les aqueducs et les travaux d'art.

Au kilomètre 48, nous escaladons le plateau qui domine la vallée de la Madzia. La Mission de Mbamou s'y transportera prochainement. Le chemin de fer crée des déplacements de population dont il faut tenir compte. Le missionnaire suit attentivement le développement économique du pays pour garder un contact étroit avec ses paroissiens. Une modeste case, où déjà un catéchiste réunit les enfants, marque l'emplacement de la future chapelle et Notre-Seigneur est descendu là, sur un autel improvisé, pour attirer à Lui les âmes qu'une civilisation matérielle ne peut satisfaire.

Près de l'emplacement destiné à la Mission, sur les plateaux voisins, sont établis les services publics du chemin de fer. Les services d'hygiène occupent des cases en bambou, élégantes et aérées. Un peu plus loin, au kilomètre 56, à Kibouendé, se trouvent les services techniques où nous recevons le plus gracieux accueil, chez M. et Mme P...

Le Père Bonnefonds nous y attendait avec une équipe de porteurs recrutés à Mbamou. Ma tournée dans la brousse allait commencer.

** **

Le portage est un des fléaux et une des nécessités de ces régions. Le blanc ne résiste pas, d'ordinaire, à la marche et à l'effort physique en climat équatorial. Aucun animal n'a pu être utilisé ; pas même le petit âne maigre et endurant qui, ailleurs, porte en trottinant sa charge. En attendant l'auto ou l'avion, il faut donc se résigner à ce que la moitié de la population passe son temps à transporter ce dont l'autre a besoin. L'habitude, du reste, en est prise. « Les Loangos sont nés porteurs, écrivait le Colonel Baratier. Ils sont certainement venus au monde avec une charge sur la tête. » Malgré cette aptitude native, le recrutement d'une caravane n'est pas facile. Le missionnaire n'aime pas recourir à la contrainte de l'administration. Il fait appel à la bonne volonté des chrétiens, des catéchumènes, ou même des païens, curieux de vivre ainsi quelques jours dans l'intimité du Père. D'ordinaire, il réduit au minimum ses bagages et, avec quelques hommes, il se met en route. Mais, en la circonstance, il s'agissait d'un visiteur dont le temps était compté et qui manquait d'entraînement. Aussi, on chercha à lui assurer tout le confort africain. Le Père Jaffré, qui parle le « lari », dont il a écrit la grammaire, comme le plus éloquent orateur des palabres Bacongos, prit la direction de la caravane. Une double équipe de tipoyeurs devait, en se relayant, assurer une marche plus rapide : soit seize porteurs. Sur la tête de dix autres, fût réparti un vrai déménagement : sacs de couchage, cantines, boîte-chapelle, vivres et vaisselle. L'objet de luxe, dont les tipoyeurs feront le thème de leurs chansons, et dont leurs yeux aimaient à contempler les reflets, était une Dame-Jeanne qu'un homme de confiance posa avec respect sur sa tête. Il réalisa des prodiges pour la faire passer indemne aux endroits dangereux ; il la surveilla aux étapes avec un soin jaloux, permettant à peine à ses amis de la caresser de la main et de faire claquer la langue autour d'elle. Il la déposa fièrement, intacte, à la Mission de Kindamba, où elle devait compléter la provision de vin de messe. Deux enfants de la Mission de Brazzaville, Dominique et Auguste, originaires des villages que nous allions traverser, avaient obtenu comme une grande faveur de nous accompagner. Avec le Père Jaffré et moi, c'était une caravane de trente hommes qui, en plein soleil, à trois heures de l'après-midi, quitta Kibouendé, joyeusement, avec les cris et les souhaits accoutumés.

Je connus dès lors les douceurs du tipoye. Le tipoye est un long brancard suspendu par des cordes à une pièce de bois que les porteurs mettent sur leurs épaules, l'un derrière l'autre, deux en avant, deux en arrière. Sur un siège, fixé au milieu, prendra place la victime. Les derniers perfectionnements avaient été apportés à notre véhicule. Les cordes de suspension étaient attachées à des ressorts qui jouaient le rôle des amortisseurs dans une auto de luxe. Le siège, une sorte de pliant à dossier, pouvait être rembourré de multiples coussins. L'appui-pieds, mobile, permettait les positions les plus variées. Une capote de toile constituait pour le soleil un abri. Celui qui voit l'Européen ainsi installé ne manque pas de s'écrier, ou du moins de penser : quel sybarite ! De grâce,

Au Drapeau !

Brazzaville : Séance organisée par les enfants du patronage
pour le départ de Mgr Boucher (7 février 1925)

LES DÉBUTS DU CHEMIN DE FER
« BRAZZAVILLE-OCÉAN »

AU KILOMÈTRE 53 :
L'EMPLACEMENT DE LA FUTURE MISSION

qu'il fasse l'expérience, non pas sur une route facile, au pas bien rythmé de tipoyeurs entraînés et spécialisés ; qu'il passe dans les sentiers de la brousse avec une équipe de bonne volonté dont les huit pieds ne sont pas toujours d'accord, et qui s'élancent hardiment pour dévaler les ravins ou escalader les collines, dans des sentiers où des chèvres civilisées trébucheraient à chaque pas ! Rejetée en arrière quand on gravit une montagne, la tête est secouée de droite et de gauche pour être bientôt projetée en avant, avec le corps tout entier, lorsque, arivé au sommet, il faut descendre l'autre versant. Le roulis et le tangage par une mer démontée ne sont que jeux auprès des secousses du tipoye. Chaque effort d'un porteur pour reprendre pied lorsqu'un caillou glisse ou qu'un obstacle le fait buter, chaque mouvement pour faire passer sa charge de l'épaule droite à l'épaule gauche, puis sur le sommet de la tête, tout cela au pas accéléré de gens qui font facilement six à huit kilomètres à l'heure, tout cela constitue un vrai supplice. Le cou, les reins brisés, les intestins méthodiquement pilés, j'ai cru que jamais je ne pourrais aller jusqu'au bout. Je m'énervais et descendais à chaque instant pour me reposer par une marche qui me fatiguait rapidement. Le Père Jaffré récitait tranquillement son bréviaire, à peine dérangé par les secousses les plus violentes. Son calme me réconforta. Je me dis que le lendemain je me trouverais mieux ; je fis un effort pour rentrer mes plaintes et continuer, avec le sourire, sur le sentier

> « Montant, *rocailleux*, malaisé,
> Et de tous les côtés au soleil exposé. »

Le noir en ses voyages, sinon en ses paroles, ignore les détours. Il va toujours droit devant lui.

De collines en collines, tantôt dénudées, tantôt couvertes de forêts, nous atteignons un plateau de 5 à 600 mètres d'altitude, d'où la vue s'étend sur un vaste cirque qui ferme l'horizon. Malheureusement le soleil baisse et bientôt il faudra marcher dans l'obscurité, un peu au hasard, au risque de prendre dans les ruisseaux un bain imprévu.

Les porteurs chantent pour se donner du courage. Ils poussent des cris de joie lorsqu'ils aperçoivent les feux allumés pour nous guider. Nous arrivons enfin, vers neuf heures du soir, à Renéville qui sera notre première étape.

*
* *

Renéville est au centre des gisements de cuivre exploités par la Compagnie Minière du Congo. Le sous-sol de cette région mériterait une exploration scientifique, précise et rigoureuse. Les gisements de Mindouli ont une superficie d'environ 4.000 kilomètres carrés. Les indigènes, depuis longtemps les exploitaient et fabriquaient des barrettes recherchées sur toute la côte, avant l'introduction de la monnaie française, comme monnaie d'échange. La Minière du Congo, depuis 1904, développa l'exploitation et, par la construction d'un petit chemin de fer de Mindouli à Brazzaville, arriva à exporter 2.000 tonnes de cuivre. L'avenir de cette région, comme celui de toute la colonie, dépend de l'achèvement du Brazzaville-Océan qui écoulera directement vers la mer le minerai du Congo.

En 1921, la Compagnie étendit son action jusqu'à Renéville dont le gîte serait d'une grande richesse. On y trouve des échantillons d'argent d'une pureté remarquable. Mais, en attendant les moyens de transport, la Compagnie a utilisé

les prairies de Renéville en créant une ferme
d'élevage pour le ravitaillement de son personnel.

La ferme nourrit 250 bêtes à cornes et plus de
300 moutons. Dix hectares de prés l'entourent.
L'herbe abondante pousse drue et demande à
être coupée chaque semaine pour que les bêtes,
les moutons surtout, puissent tondre une herbe
tendre et appétissante.

Le matin, le fermier M. B., un grand blessé de
guerre, qui nous offre la plus cordiale hospitalité,
nous fait admirer le troupeau dont il est légitimement fier. A table, avec les légumes de son jardin,
le lait de ses vaches, le beurre fabriqué la veille,
nous aurions oublié l'Afrique si notre hôte n'avait
servi en abondance les produits de sa chasse.

Mais l'Afrique ne se laisse pas oublier. Durant
la nuit, une violente tornade a éclaté. Peu de
chose cependant, me semble-t-il : une heure ou
deux de pluie. M. B., qui connaît le pays hésite
et conseille d'attendre. Les torrents ont été
grossis par l'orage. La Mounkâla ne nous laissera
pas passer. J'insiste avec une belle assurance.
« Eh bien, dit-il, je vous accompagne. Nous.
verrons. Du reste, la région n'est pas sûre : les
buffles la fréquentent et mon fusil pourra être
utile. »

Je me hisse sur le tipoye et nous partons à
travers la plaine, à travers les hautes herbes
qui nous fouettent le visage, tandis que les porteurs
pataugent et glissent dans le poto-poto.

Après une heure de marche, nous arrivons à
la Mounkâla qui coule à pleins bords, entraînant
avec violence des troncs d'arbre et des branches.
Les plus hardis nageurs reculent. L'eau monte
toujours et rien, pas même un radeau et une
liane pour faciliter le passage, sous prétexte que
la moitié de l'année on peut passer à gué.

Habitués à attendre, les Congolais s'étonnent de mon étonnement. Nos porteurs s'installent très tranquillement au bord de l'eau et la regardent couler, ruminant peut-être les théories profondes du vieil Héraclite.

Il était 8 h. du matin. Nous avions le temps de retourner à Renéville. A une heure de l'après-midi, l'eau était étale et le courant moins violent. Notre hôte, dont l'amabilité calmait notre impatience, avait apporté cette fois une énorme corde qui lui servait pour faire traverser par les bœufs le Djoué aux eaux rapides.

Après des essais divers, la corde enfin tendue, on décide de passer à la nage en s'accrochant à ce point d'appui pour résister au courant. Le Père Jaffré est un breton que l'eau n'effraie pas. Mais je suis un terrien qui n'a jamais pu obtenir un prix de natation. Heureusement, nos porteurs sont, quelques-uns du moins, de remarquables plongeurs. Les costumes de bain, en Afrique, s'improvisent facilement Me voilà, tel Arion sur son Dauphin, sur le dos du cuisinier qui me dépose, en quelques minutes, sur l'autre rive de la Mounkâla où les rayons du soleil me séchèrent mieux qu'un peignoir

L'exemple est donné. Les moutons de Panurge suivent. Aucun accident, grâce à la corde. En une heure, toute l'équipe est passée avec les bagages, ainsi que les tipoyes, moitié glissés sur la corde, moitié soutenus sur la tête des plus habiles nageurs.

L'incident mériterait à peine d'être noté s'il n'était significatif des difficultés que l'on rencontre pour circuler au Congo à moins de cent kilomètres de Brazzaville, sur un chemin qui conduit à Mayama, centre administratif de la région.

* *
*

Nous avons perdu plus d'une demi-journée.

Nous laisserons Mayama sur notre droite pour aller directement sur Mayembo.

Les porteurs chansonnent l'aventure. Le cuisinier se rengorge. C'est l'homme de confiance de la Mission de Mbamou. Il joue le rôle de capita. Naturellement, il ne porte rien. Il a même enrôlé son neveu, un bambin de six ans, pour lui servir de boy. Il marche avec dignité, entouré de tout le respect que le noir professe toujours pour celui qui donne la nourriture.

La traversée du Dzoulou, un autre affluent du Djoué, s'opère par un radeau qui marque un premier effort colonisateur. Quelques bois flottants, une liane jetée d'une rive à l'autre, et le passeur vous transporte, les pieds un peu mouillés, mais sans trop d'encombre, sur la rive opposée.

J'avais jusqu'ici un peu sous-estimé mes porteurs. L'un d'eux me paraissait particulièrement chétif et malingre... Soudain, il me saisit comme une plume et me déposa sur le bord pour m'éviter quelques pas dans l'eau. Je compris alors la résistance de ces petits hommes, aux fines attaches et aux muscles d'acier.

Ce jour-là, cependant, un vent de paresse soufflait sur l'équipe. Il y avait eu trop d'aventures. L'étape prévue est encore loin. Il est cinq heures du soir. Les porteurs déploient toute leur diplomatie pour camper là, au village de Mayembô. Ils ont des cousins, des parents. Ferdinand, le catéchiste, doit présenter au Père ses enfants. Il a décoré la case qui nous est destinée et dont la propreté nous tente. L'étape a été courte mais fatigante. Nous passerons la nuit dans le village. La décision provoque liesse générale. Les chrétiens nous entourent. Les porteurs déposent leur charge. Le cuisinier s'assied gravement et donne ses ordres pour faire allumer les feux.

Une cinquantaine d'enfants, dont la moitié de fillettes, suivent le catéchisme. Ferdinand est un chrétien de la première heure. Ce n'est pas un lettré. Il a composé, vaille que vaille, un écriteau sur une planche de bois : « Ecole Saint-Jean de Dzoulou. Ferdinand, catéchiste, baptisé à Brazzaville ». L'enseigne est fixée sur le piquet d'une case qui sert de chapelle et de salle de réunion pour les chrétiens. C'est pauvre et misérable. Mais il y a une grande croix de bois au milieu de la place et les chrétiens, au retour du travail, s'agenouillent autour d'elle pour réciter la prière.

Ce soir, on palabrera joyeusement.

La ration a été bonne. Le chef a offert le vin de palme. Genoux au menton, talons au derrière, on fait cercle, on allume les pipes autour des feux du soir et les langues déliées racontent les nouvelles.

Pendant ce temps, le Père Jaffré reçoit les chrétiens et confesse ceux qui le désirent. Il confesse encore que déjà le sommeil m'a pris, bien avant que les feux soient éteints et que le silence de la nuit eût enveloppé le village.

*
* *

Je suis réveillé avec les coqs qui s'égosillent à annoncer la lumière. Les chrétiens assistent à la messe et communient, heureux de profiter du passage du missionnaire.

Le Père Jaffré secoue le « capita » qui, à son tour, réveille les porteurs et fait plier bagages. On a distribué la ration de manioc, largement payée au chef qui n'a pas manqué d'offrir la poule traditionnelle. Elle est là, la pauvre petite bête, roulant des yeux étonnés. Les pattes attachées, les ailes ficelées, elle prend place dans une moutête où s'alignent déjà quelques congénères recueillies de village en village, et toutes ensemble gloussent d'effroi lorsque le boy du cuisinier les met fièrement sur sa tête comme un trophée.

La moutête est une sorte de panier allongé, composé de deux feuilles de palmier, que les porteurs loangos savent tresser rapidement pour loger les objets dont on les charge.

Lorsque le colis est lourd, on attache à une des extrémités de la moutête une double canne qui sert de point d'appui pour charger ou décharger le fardeau. Le noir a trouvé ainsi une application facile du levier qui économise ses forces et lui permet de manœuvrer sans aide de 30 à 60 kilogs.

Le départ dans la fraîcheur matinale est toujours lent. Le sommeil pèse encore sur les corps engourdis. Les sentiers semblent plus rudes. Mais le paysage double d'intérêt à cette heure où le soleil monte rapidement à l'horizon, absorbe les perles de la rosée, et fouille de ses rayons les coins sombres des galeries forestières.

La Louwaka coule dans un joli décor. Elle est facilement franchie sur quelques troncs d'arbres qui forment pont et, vers dix heures, apparaît le village de Moussitou. Le chef est un petit vieux à la mine chafouine et rusée. Il tient à ce que nous nous arrêtions quelques instants chez lui. Il a réuni du manioc et offre un maigre cochon pour lequel il escompte un sérieux « matabiche ». L'idée me prit de voir si les marchandises d'échange avaient encore cours dans les villages. On lui proposa de choisir entre une belle chemise de cellular — vêtement fort recherché en Afrique — ou de l'argent. Le petit vieux hésita un instant. « La chemise fera trop envie à mes neveux, murmura-t-il, je préfère de l'argent. » Et il fit disparaître prestement les billets qui lui étaient offerts. « Il est probable, me disait ensuite le Père Jaffré, que le cochon ne lui appartient pas. Il l'aura acheté à bon compte, le paiera de la somme convenue et gardera le bénéfice. » L'argent, au Congo, est aujourd'hui la meilleure monnaie d'échange.

* *

Une heure après, nouveau village, Kinsouka. Nous devions y coucher la veille si nous n'avions pas été retardés par le passage de la Mounkâla. Prosper, le catéchiste, en est désolé. Tout avait été préparé avec tant de soin pour nous recevoir ! Des guirlandes décorent les cases ; la petite chapelle a un air de fête ; les enfants eux-mêmes ont mis leur pagne du dimanche. Nous ne pouvons refuser de nous arrêter quelques instants.

Prosper est un jeune catéchiste récemment sorti de l'école de Brazzaville. Il a de l'ordre, de la méthode. Les enfants sont répartis en équipes sous les ordres d'un petit « capita » qui joue le rôle de moniteur. Les leçons semblent mieux retenues, et surtout mieux comprises que dans tel autre village. Un détail significatif dans la case de Prosper : les murs, en terre battue, sont peints en rouge et des raies blanches simulent les joints de briques. Le logement est divisé en deux. Une première pièce, vestibule, salle d'attente, toute tapissée d'images pieuses mêlées à des prospectus et à des pages illustrées d'un catalogue du « Printemps ». Une ouverture, arrondie en ogive, la fait communiquer avec le bureau. Je m'assieds sur l'escabeau de bois près de la table où sont rangés, avec le catéchisme, un dictionnaire français et le *Credo* de Mgr Le Roy. Des coups de crayon sur les pages prouvent que ce précieux résumé de la doctrine chrétienne a été étudié avec soin.

Je félicite Prosper très sincèrement et je l'encourage de mon mieux. Mais les félicitations doivent remonter à l'école de Brazzaville qui forme aujourd'hui de vrais catéchistes, instruits et zélés. La naïveté de leur goût artistique fera sourire. Leur souci de décoration ne témoigne pas moins d'une profonde évolution dans les mœurs d'autrefois.

*
* *

Nous approchons de Kindamba. Pour pousser l'étape le plus loin possible, nous déjeûnerons au prochain village, à Koudsaya. Des chants et des cris nous accueillent. Des tipoyeurs de Kindamba sont venus au-devant de nous pour nous faire honneur. Ils entendent bien nous porter eux-mêmes jusqu'à la Mission. Ils s'emparent du tipoye et s'élancent avec une magnifique ardeur que les nôtres soutiennent en gambadant autour d'eux.

Les tipoyeurs ont des traditions. En approchant du village, ils s'annoncent plus ou moins bruyamment, suivant la qualité du personnage qu'ils transportent. Ils sifflent dans un chalumeau ou soufflent dans une corne de buffle. Pour s'entraîner, ils chantent une chanson de route, souvent improvisée. Ils répéteront indéfiniment un refrain innocent et sot tandis que l'imagination du chef de chœur se livrera, pour le couplet, à de multiples variations du même thème. Ma visite aujourd'hui en fait l'objet.

> Il est venu de France le grand seigneur.
> Il est venu nous visiter.

Les couplets, m'a-t-on dit, énuméraient les qualités que je devais avoir pour venir de si loin et, surtout, laissaient espérer les bienfaits qui devaient marquer mon passage : des morceaux de bonne viande et des torrents de vin de palme.

L'évocation suffisait-elle à griser mes hommes ? Toujours est-il que dans son enthousiasme, l'un d'eux buta et faillit projeter par terre le pauvre seigneur que j'étais... Il « gagna la honte » suivant l'expression de ces grands enfants.

La course reprend de plus belle et les cris redoublent quand, du sommet d'un plateau, on aperçoit la mission. Dans les villages, des salves partent en notre honneur. Les chefs viennent nous saluer. Ils sont impressionnants avec leur pantalon blanc, leur défroque militaire et leurs galons sur la manche. A notre intention, des sentiers ont été défrichés. Bientôt, c'est une longue théorie qui borde la route, noire de monde, on peut le dire... Les mains frappent en cadence, la poudre parle, des chrétiens s'agenouillent : « Mboté Monseigneur, Mboté mon Père. » « Bonjour Monseigneur, Bonjour mon Père. » Nous sommes à Kindamba.

CHAPITRE VII

Une tournée dans la brousse. (*Suite*)

II. De Kindamba a Mbamou

Saint-Théophile de Kindamba : L'organisation d'une station
nouvelle. — Inauguration de la chapelle : Baptêmes et
confirmations. — La Mission, centre d'attraction. — En
route vers Mbamou : Le marché de Ntiétié. — L'étape
de Moulangui : Un propriétaire complaisant. — Réception
solennelle d'un chef indigène : L'éternelle plainte du
contribuable. — L'expérience de Ngori Voua : Une nuit
orageuse.

Après deux jours passés sur les sentiers de la
brousse, dans les profondeurs ombreuses des
galeries forestières, ou à travers l'immensité
silencieuse des hautes herbes, à peine coupée de
loin en loin par les paillottes d'un petit village,
on éprouve un étrange sentiment de joie et de
satisfaction en découvrant, sur un vaste plateau,
de magnifiques allées et des maisons de briques
qui marquent sur ce sol, hier encore sauvage,
l'empreinte du travail de l'homme civilisé.

En Afrique, l'apostolat fait surgir des cités
nouvelles. Créé en 1923 par Mgr Guichard, Saint-
Théophile de Kindamba construit ses premiers
bâtiments. Le plateau, d'une étendue de dix
hectares, s'avance comme une large presqu'île
entourée de trois rivières vers la vallée de la
Loudzouri, la plus importante des trois, qui
creuse son chemin sur le flanc nord, avant d'incliner à l'ouest vers le Niari.

La station comprendra tous les éléments d'un
poste central de grand rayonnement : missionnaires et religieuses, école de garçons et école

de filles, orphelinat et dispensaire. Le plan définitif se réalise graduellement et les constructions, aujourd'hui achevées, sont prévues pour les besoins de demain. Une vaste salle, inaugurée comme chapelle, lors de notre passage, se transformera en classes pour l'école. Les Sœurs de Saint-Joseph de Cluny, attendues dans quelques mois, occuperont la maison où nous sommes logés. L'église avec la résidence des Pères, s'élèvera à l'entrée de la route, de l'autre côté d'un bosquet, aux arbres séculaires, où se cache une source délicieuse et abondante. Toute une théorie de fillettes en arrivent, l'urne humide sur la tête, graves, les mains sur les hanches, le pied sûr.

L'architecte, dédaigneux du luxe et du grand art, a réalisé, pour la maison des Sœurs, une construction simple mais pratique et conforme aux règles de l'hygiène coloniale. Les pièces surélevées au-dessus du sol, très hautes, très aérées, entièrement blanchies à la chaux ; le toit en tôle ondulée, assez distant des plafonds pour éviter la chaleur ; tout autour, protégeant de larges ouvertures au nord et au sud, une vérandah en forme de cloître, couverte de feuilles de palmiers habilement tressées. Comme matériaux, des briques fabriquées sur place et, pour les relier, chose rare dans la brousse, du mortier, car les Pères ont découvert dans la propriété une carrière de pierres à chaux, une vraie fortune en ce pays. Devant la maison, un jardin avec des parterres tout fleuris à notre arrivée, jette sa note d'élégance, rehaussée, ce jour-là, par de gracieuses guirlandes suspendues à des mâts où flottent les trois couleurs.

Les ouvriers travaillent encore sous la direction du Frère Théogène, aux bâtiments annexes. Les uns placent la charpente ; d'autres posent les briques des cloisons. Des apprentis se forment à l'atelier, un vaste hangar où les outils de France s'alignent, reluisants, dans une armoire ; les menuisiers rabotent les planches et préparent les portes et les fenêtres. Une longue procession d'enfants arrive au chantier, portant chacun deux briques sur la tête. Deux briques ! mais les maçons ne chôment pas, tant ils sont nombreux !

Le Père Supérieur, le Père Dréan, actif et entreprenant, me fait visiter tous les services. Dans la brousse, l'organisation d'une mission ne va pas sans complications matérielles. Ici, en une certaine manière, se réalise le poème de Sully-Prudhomme :

« Le laboureur m'a dit en songe : « Fais ton pain.
« Je ne te nourris plus, gratte la terre et sème. «
« Le tisserand m'a dit : « Fais tes habits toi-même. »
« Et le maçon m'a dit : « Prends la truelle en mains. »

Les missionnaires ont établi un four à pain utilisant avec ingéniosité une ancienne termitière. Ils ont construit un four à chaux. Ils ont créé un four à briques, et des milliers déjà ont été apprêtées, moulées, séchées et cuites. Malheureusement, un accident a brisé le moule et, pour réparer, il faut attendre une nouvelle pièce de Paris : d'où deux mois de retard et, peut-être, un arrêt dans les travaux.

Ils ont gratté la terre, et des légumes ont poussé, des choux volumineux, des pommes de terre, des haricots, des salades. Sans doute, ils n'étaient pas seuls : mais ces jardiniers, ces briquetiers, ces maçons, ils les ont tous formés avec une admirable patience.

L'élevage s'ajoute à la culture : la ferme compte 150 moutons et 4 bêtes à cornes, un cheptel d'avenir que l'on entoure des soins les plus minutieux contre les attaques de la terrible tsé-tsé.

Une question me préoccupait. Est-il sage d'établir ainsi une mission en pleine brousse, loin du centre administratif, loin du commerce et des factoreries européennes ? La région semble désertique. La foule qui nous acclamait à notre arrivée a disparu. En dehors des ouvriers et de quelques enfants logés à la Mission, y a-t-il des habitants ?

J'eus, dès le soir, une première réponse. Le dîner s'achevait en devisant gaiement, lorsque des chants éclatèrent dans la cour d'honneur. Au premier rang, les enfants. Chants et compliments se succèdent. Dans la nuit noire, deux milliers de petits yeux brillent comme des étoiles. Le Père Jaffré traduit avec images mes remerciements. Les pieds trépignent, les mains claquent. Je ne sais ce qu'il dit, mais les yeux, de plus en plus, brillent dans l'ombre.

Où logent tous ces gens, me demandai-je encore ?

Le lendemain, pour l'inauguration de la chapelle, même surprise. Des piliers de bois soutiennent la belle charpente d'une vaste salle. Aucun siège. Les nègres s'entassent comme ils savent le faire et, déjà, dès ce jour, la chapelle est trop petite. Tous, chrétiens et païens, suivent attentivement les rites de la bénédiction. Ils admirent les statues, banales en vérité, qui n'auraient certes pas été primées à l'exposition de l'art liturgique, mais dont les couleurs les ravissent. Un Sacré-Cœur avec un manteau bien rouge. Une Vierge ceinturée de bleu. Un saint Joseph à la barbe fleurie. Un saint Michel tout rose avec une cuirasse argentée, terrassant le dragon ; et le patron du lieu, un saint Théophile avec de bizarres instruments de supplice. Le Père Jaffré développe le mot de l'Évangile : « Ma Maison est la maison de la prière ». Autrefois, leur disait-il, vous étiez obligés d'aller à Mbamou pour trouver le bon Dieu, il y a deux jours et demi de marche ! Maintenant, Il a établi au milieu de vous sa demeure... »

Le baptême des catéchumènes suivit la cérémonie. Depuis trois ans, les adultes ont été instruits dans les catéchismes et préparés à ce grand jour : ils vont devenir chrétiens. Il y a parmi eux des vieux grisonnants, des vieilles chevrottantes, des adolescents en pleine force et des tout petits, des enfants que leur mère, déjà chrétienne, veut consacrer de suite à Notre-Seigneur. Après les exorcismes, se déroule la touchante cérémonie de l'introduction des catéchumènes dans l'église. Toute la bande se prend par la main et le premier saisit l'étole de l'officiant qui a l'impression joyeuse d'entraîner à sa suite, dans l'Église de Dieu, de nouvelles conquêtes. Pour le missionnaire, c'est la satisfaction du pêcheur qui tire sur le rivage son filet rempli de poissons ! Tous les rites du Sacrement prennent là-bas leur pleine signification. Le baptême brise un esclavage, ferme tout un passé de barbarie, ouvre les yeux à la lumière de la vérité et les oreilles aux enseignements de la parole de Dieu.

Pour la première fois, j'eus le grand honneur de donner le sacrement de confirmation. Sa Grandeur Mgr Guichard, usant des pouvoirs spéciaux concédés aux Vicaires Apostoliques, avait bien voulu me déléguer à cet effet. 211 confirmands se présentèrent pour demander à l'Esprit-Saint d'affermir en eux la foi. Ces chiffres prouvent l'importance de la Mission qui groupe plus de 3.000 catéchumènes...

Et, de nouveau, la même question me hantait : mais, où logent tous ces gens ?

En une courte promenade, le Père Supérieur se fit un malin plaisir de me faire découvrir, aux alentours du plateau, des petits villages dissimulés dans un bouquet d'arbres, nichés sur le flanc d'une colline et blottis dans le creux d'un vallon...

« Voilà, me dit le Père Dréan, où vivent les 600 enfants qui fréquentent les classes. En dehors de quelques pensionnaires, la plupart logent chez l'habitant. Nous pratiquons pour eux le placement familial qui donne ici de bons résultats. »

La Mission est un centre d'attraction. Le groupement de ces villages marque le triomphe des besoins religieux sur les besoins économiques. Ceux qui veulent se convertir, ceux qui veulent vivre plus intensément leur religion, se rapprochent du missionnaire. Chrétiens ou catéchumènes s'établissent par familles et par tribus, Basoundis ou Batékés, autour de Kindamba. Ainsi, ils reçoivent une formation plus complète et plus solide. Quelques-uns se fixent à demeure. Beaucoup sont des passagers. Les uns s'en vont, les autres viennent. Le district compte environ 35.000 habitants : le recrutement est largement assuré. Dans l'état économique actuel, l'indigène se déplace volontiers : il lui suffit pour vivre de cultiver son manioc.

Cette méthode d'apostolat, par la concentration des sujets, présente des avantages. Elle évite des tournées difficiles avec une population très dispersée, dans une région où la route n'existe pas, et elle permet une action continue et profonde sur les néophytes. Un temps viendra où cette méthode ne sera plus possible. Mais déjà des générations de chrétiens auront grandi, dont la foi rayonnera autour d'eux, et le missionnaire, sans hésiter, s'adaptera à des situations nouvelles, uniquement préoccupé de conquérir les âmes.

Moyembo :
Une étape vers Kindamba

Au kilomètre 53 :
Le Père Bonnefonds et le D^r G.

KINDAMBA : LA NOUVELLE RÉSIDENCE

LES ATELIERS ANNEXES

* *

La fondation de Kindamba continue les traditions des stations de Mbamou et de Linzolo vers lesquelles nous allons maintenant nous diriger. Après deux jours de repos, nos porteurs sont en forme et la caravane part allègrement, accompagnée, comme il convient pour les adieux, par une escorte qui crie, saute et danse autour de nous jusqu'à épuisement.

Plusieurs villages se trouvent sur notre route où les chrétiens nous attendent, heureux et fiers de notre passage. Après quatre heures de marche, nous rencontrons un plateau désert, où se croisent les sentiers qui suivent les vallées. C'est le marché de Ntiétié. Des quantités de feuilles de bananier qui ont servi à envelopper le manioc jonchent le sol et attestent, avec les feux éteints, le nombre des vendeurs et des acheteurs.

Le mot « marché » garde au Congo son sens éthymologique. Le marché est un carrefour, un lieu frontière où les divers villages viennent, à jours fixes, vendre et échanger leurs produits. Quelques marchands s'y hasardent. Mais la place appartient surtout aux producteurs, aux femmes qui déballent leur moutête ou s'installent devant leurs calebasses. Les chefs surveillent les échanges, assurent le bon ordre, ou donnent leurs audiences et règlent les palabres.

« La foule est gaie et bruyante sous l'ardent soleil, écrit le Dr Cureau[1]. Des farceurs échangent de grosses plaisanteries. Une caravane de porteurs s'arrête couverte de sueur et de boue. Un marchand défend son poisson fumé et sa viande séchée

____

1. D[r] Ad. CUREAU, *Les Sociétés primitives de l'Afrique Equatoriale,* Paris 1912, Colin, éditeur, p. 297.

contre les entreprises d'un chien famélique et les assauts des milans effrontés qui fondent du haut des airs. Des joueurs risquent leur dernier pagne sur des fragments de faïence cassée qu'ils jettent en l'air avec des cris aigus et des claquements de doigts. Des groupes de femmes potinent en médisant du prochain. Des gamins se roulent dans la poussière grouillante de vermine. Des affamés cuisinent à la hâte dans un pot crasseux des morceaux de charogne faisandée. Un étranger essaie de se faire entendre d'un marchand indigène avec force gestes et barbarismes. C'est un tumulte discordant, un brouhaha de toutes sortes de langages et d'onomatopées ; un mélange d'odeurs répugnantes : sueur, fumée, ragoûts, chair gâtée, tabac, latrines, parfums enivrants, vapeurs vireuses du chanvre indien : le tout ranci, fondu, concrétionné, sublimé par la cuisante chaleur de midi. »

A en juger par les détritus qui restent à Ntiétié, ce tableau n'est pas trop forcé. Le marché, une des institutions les plus stables de ces populations mobiles, se tient heureusement en rase campagne et le vent impétueux des tornades balaie de temps à autre l'emplacement. Quand on traverse, au soir de la journée, il suffit de hâter le pas et de passer rapidement.

*
* *

L'étape est longue. Les « malou » « malou », vite, vite, pressent les porteurs facilement disposés à musarder en route. Nous nous engageons sur un vaste plateau broussailleux d'où la vue s'étend indéfiniment sur les collines voisines que dorent les derniers feux du soleil. La fraîcheur tombe et la nature silencieuse se recueille. Les tipoyeurs accélèrent leur allure et chantent pour s'entraîner. Les grandes herbes me fouettent le visage et les arbustes rabougris m'accrochent au passage. Quelque chose se déchire, mais le tipoye, tiré violemment, avance toujours. Le sentier est à peine tracé. Les noirs, d'un pas sûr, en suivent les méandres. La nuit, une nuit sans lune, nous surprend en pleine brousse. On allume les lanternes tempête. Il faut descendre à pic dans un ravin, traverser un ruisseau, remonter et redescendre encore jusqu'à ce que nous découvrions enfin, caché dans un repli de terrain, un village qu'annonçaient quelques plantations de manioc.

Où sommes-nous ? A Moulangui, disent les porteurs. Ce n'est pas l'étape prévue, mais, à neuf heures du soir, par une nuit obscure, il est temps de s'arrêter. Le Père Jaffré n'hésite pas. Rapidement il examine les cases et, d'un coup d'œil, fixe son choix. A mon grand ahurissement, en deux minutes de pourparlers, il expulse le propriétaire qui déménage avec complaisance de son lit et enlève tout son mobilier. N'exagérons pas : une natte, un pliant et une jarre, et nous voici jusqu'au lendemain maîtres et seigneurs de sa villa. C'est une case en pisé, rectangulaire, divisée en deux pièces, d'environ 3 mètres de large sur 2 m. 50 de long. Pour toute aération, une porte étroite. Les boys balaient le sol et installent les lits de camp. Des porteurs demandent l'hospitalité, au hasard, dans les cases où les feux ne sont pas éteints. D'autres élisent domicile sous la vérandah. Les chiens se taisent et le village se plonge dans le sommeil.

*
* *

De bonne heure, le lendemain, les habitants se lèvent pour voir les hôtes inattendus arrivés durant la nuit. Rapidement, on les remercie et on part pour atteindre, dès le matin, l'étape prévue pour la veille, l'école de Moubinoungou. Chapelle et case étaient, pour nous loger, d'une propreté parfaite et le chef, un vieux païen ami des missionnaires, avait décidé de nous recevoir solennellement à la mode indigène. Nous ne pouvons décliner l'honneur. Toute la caravane se groupe et se dirige vers sa demeure, avec les chants et les cris de circonstance auxquels répondent les gens du village.

Le chef se tient assis dans sa cour, entouré de sa famille et de ses serviteurs. Un grand silence succède aux manifestations bruyantes. On dépose les fardeaux, on fait cercle et les pipes s'allument. Nous prenons place sur les pliants qui nous ont été préparés. Notre hôte salue ses visiteurs par ordre de dignité en les appelant par leur nom et leur titre qu'il fait suivre, pour les indigènes, de toute une généalogie. Chacun à son tour incline la tête et pousse un « eh » d'assentiment.

Le Père Jaffré avait délégué pour nous représenter le « Cook », le cuisinier, « capita » de la caravane, très fier de cette nouvelle marque de confiance. Il connaît les usages et, à son tour, salue de la même manière ceux qui nous reçoivent.

Le chef prend la parole et très savoureusement, avec beaucoup d'esprit, il donne les nouvelles du village. « Rien de bien nouveau, nous dit-il... Les santés sont bonnes et la récolte normale. Comme d'habitude, l'impôt a été augmenté de 10 à 15 fr. Pourquoi ? Nous ne savons pas. Les routes n'ont pas été améliorées. L'administration nous ignore. Cela vaut peut-être mieux. Sous prétexte de faire des routes, on nous imposerait de nouvelles corvées et de nouveaux impôts... Nous avons appris qu'un grand Seigneur visitait nos villages. Nous l'attendions hier. Il a eu du retard, mais il est là ce matin et nous sommes heureux de le saluer. »

KINDAMBA : L'INTÉRIEUR DE LA CHAPELLE

Le tipoye et la caravane dans la brousse, et dans une galerie forestière

L'assistance qui a écouté en fumant silencieuse-
ment la pipe pousse des cris d'approbation et
applaudit en se frappant vigoureusement les cuisses.

À son tour, notre « Cook » prend la parole.

Il remercie, félicite de la tenue du village,
décrit notre voyage, note quelques incidents
et termine en exprimant la satisfaction de cette
réception.

Nouveaux cris, nouvelles approbations...

Les conversations commencement. Pendant ce
temps, le chef a donné ordre d'aller chercher une
chèvre et d'apporter le vin de palme... Les langues
se délient de plus en plus. Nous offrons à notre
tour un cadeau et nous abrégeons les salutations
finales et les libations pour reprendre notre route.

La réflexion du vieux chef m'avait amusé.
Il n'était pas banal de recueillir ainsi dans la
brousse congolaise l'écho de la plainte éternelle
du contribuable. « J'aurais voulu que vous puissiez
saisir toute la vigueur des expressions du terroir,
me disait le Père Jaffré. Vous auriez vu que ces
primitifs ne manquent pas d'esprit. »

La journée se passa sans trop d'incidents.
Le paysage déroula ses divers aspects habituels :
immense solitude, plateaux dénudés, hautes
herbes des savanes, galeries forestières avec leurs
ruisseaux torrentueux qu'il faut franchir sur des
ponts fragiles.

À un moment, j'ai cru qu'il faudrait recommencer la scène de la Mounkâla. Une rivière avait
débordé et inondé la vallée. Les eaux grossies
atteignaient la poitrine des porteurs, L'un d'eux
repéra hardiment le chemin ; puis, sans hésiter,
nos tipoyeurs s'engagèrent dans l'eau et dans la
vase gluante, nous portant pendant dix minutes,
à bras tendus, au-dessus de leurs têtes.

Au déclin du jour, nous étions en forêt. A chaque

pas, des arbres abattus coupent le sentier et barrent le chemin. Les autres, géants énormes aux branches échevelées, prennent dans l'ombre du soir des formes fantastiques. Les lianes, accrochées de branches en branches, forment d'impénétrables et mystérieux fourrés. Que cache cette forêt, et puis la savane silencieuse ? Quels animaux féroces s'y dissimulent ? Il n'y a pas très longtemps que la panthère a fait des ravages dans un village voisin. Les tipoyeurs en parlent avec effroi et ils se hâtent vers le plus proche village.

Ngori Voua, — les neuf lianes pour vin de palme, — est blotti dans un site abrité. Le chef s'empresse de nous offrir sa case. L'expérience de la veille me laisse quelque répugnance à m'enfermer dans une pièce de propreté douteuse et sans air. Le propriétaire l'a pourtant décorée de son mieux. Un numéro du *Temps*, des pages de catalogues de la « Samaritaine », de « Saint-Étienne » et des caricatures du *Rire* ornent les murs. Ont-elles été choisies par ironie ? L'une représente une parisienne en costume de soirée, l'éventail à la main, et Monsieur lui murmurant avec envie : « Que vous êtes heureuse d'être en bras de chemise ». L'autre, un beau Sénégalais, derrière un guichet postal de la brousse, exigeant d'un militaire qui vient toucher un mandat, deux témoins français et patentés ! Un singe regarde la scène et se tord. La légende porte : « L'administration... aux colonies ».

J'ai résolu de ne pas m'enfermer dans cette pièce où, avec ces vestiges de notre civilisation parisienne, se trouvent, dans un coin, les autels des mânes encore humides du dernier poulet immolé. Je demande donc, au grand étonnement de mes porteurs, que mon lit soit dressé sous la vérandah. Au grand air, enveloppé dans une

moustiquaire, je me promettais une nuit délicieuse..
Oui, mais un orage formidable troubla la fête :
l'eau, les éclairs, le tonnerre. Pendant deux heures,
ce fût un spectacle effrayant et féerique. Je dus,
de suite, déguerpir promptement et me réfugier
dans la case odorante où nos boys s'étaient glissés
tandis que le Père Jaffré, prudent et sage, dormait
tranquille comme un ange !

A l'aurore, l'orage apaisé, nous célébrerons
la messe dans cette misérable pièce où, demain,
se renouvelleront les rites fétichistes. Pieux et
recueillis, nos chrétiens s'unissent à l'offrande
du divin sacrifice et sanctifient le jour du dimanche
par la sainte communion. Curieux et respectueux,
les païens regardent et suivent les cérémonies
que le Père Jaffré commente brièvement.

*
* *

Quelques heures seulement nous séparent de
Mbamou. Nous atteignons la vallée de la Madzia
que suit la ligne du petit chemin de fer. De la
Madzia, le sentier pique droit à travers les collines boisées. Les villages se multiplient et les
cases apparaissent au loin comme des ruches
d'abeilles disséminées dans les arbres. Avant
d'arriver, une dernière rivière à franchir, la Mboté,
aux belles crevettes grises, et les tipoyeurs
s'élancent avec ardeur à l'assaut de la crête où
nous attendent, impatients, les chrétiens de Saint-
Philippe de Mbamou.

CHAPITRE VIII

Une tournée dans la brousse (*Suite*)

III. De Mbamou a Linzolo

Saint-Philippe de Mbamou. — Le Père « Maboni » et son suisse. — Le sculpteur Clotaire Kibongui. — Le petit de Maloukou. — Les réceptions de la Brousse et l'accueil de Linzolo. — La première fondation du Congo français. — La visite des fourmis. — Les chiques. — Les mariages chrétiens. — Retour à Brazzaville.

Comme les moines pour leurs monastères, les missionnaires pour leurs églises ont l'art de découvrir les sites les plus merveilleux. La colline, où s'élèvent les bâtiments de Saint-Philippe de Mbamou, domine une profonde vallée et, à l'arrière plan, des montagnes boisées forment un cirque immense de verdure.

Fondée depuis plus de dix ans, la station est en pleine prospérité. Elle compte environ 3.500 chrétiens et 2.500 catéchumènes. La création du chemin de fer, qui attire les populations, va réduire Mbamou au rôle de station secondaire et obliger à transférer la résidence principale à une vingtaine de kilomètres de là, sur la ligne du chemin de fer.

Dans les pays neufs, de fréquents déplacements de population se produisent en raison des nouveaux moyens de communication qui se créent. Le missionnaire doit se résigner souvent à faire du provisoire et à quitter un lieu où l'attachent les souvenirs et les tombes des ouvriers de la première heure.

Une fondation nouvelle n'est pas pour déplaire au Père Bonnefonds, le Supérieur de Mbamou.

Tempérament nerveux et résistant, toujours en mouvement de gestes et de paroles, il aime remuer des projets et se fatiguer à les réaliser. D'aucuns le jugent un peu vif parfois, un peu palabreur. Mais quel cœur passionnément dévoué ! Quelle bonté dans sa voix grondeuse ! Quelle tendresse dans ses fâcheries ! Les indigènes ne s'y trompent pas et ils ne s'effraient pas des colères de « Maboni » !

Il bouscule ses nouveaux baptisés. Il se fâche si le chapelet qu'il leur remet ne peut entrer dans leurs têtes trop grosses... et puis, il pleure en vous racontant ce que lui ont coûté de démarches et de sacrifices telles filles, esclaves d'un polygame, qui l'avaient supplié de les délivrer et n'osaient l'avouer en justice, par peur du poison. « Père, quand tu viendras au village, j'aurai mon pagne enroulé de telle façon... j'aurai tel collier autour du cou... tu me reconnaîtras... n'hésite pas à me prendre. » Que de ruses pour les avoir ou pour les reprendre quand un chef puissant les avait arrachées à la Mission ! Aujourd'hui, ces difficultés sont plus rares. Une demi-liberté commence à s'introduire. Les parents eux-mêmes donnent leurs filles spontanément. Ils savent qu'ils pourront les marier, qu'ils toucheront leur dot, et même qu'ils auront moins d'ennuis avec un gendre chrétien.

Les cérémonies se passent bien à Mbamou.

La chapelle était archi-comble au point que, toutes fenêtres ouvertes, l'air était à peine respirable et, cependant la communion se déroula dans un ordre parfait.

La confirmation me donna une preuve de l'initiative et de l'intelligence d'un des élèves du Petit Séminaire, Auguste, qui nous accompagnait. A l'improviste, tous les Pères étant occupés par ailleurs, je le chargeai de me passer les billets où sont inscrits les noms des confirmands. Les noms étaient écrits en français. Je m'attendais à ce qu'il me les montrât tout simplement, me réservant de les traduire moi-même en latin. Mais Auguste avait observé ce qui s'était passé à Kindamba où le Père traduisait les noms au vocatif. Sans hésiter, sans qu'on le lui dise, Auguste qui a étudié le latin depuis trois ans à peine, me traduisit ainsi les 259 noms qu'il a dû me présenter et je n'eus pas deux fois, je crois, à corriger sa formule.

Un suisse en grande tenue veillait au bon ordre. Je le félicitai de sa fonction et de son costume. « Il l'a bien mérité, me dit le Père « Maboni ». Il est chef d'un village voisin et a quitté six femmes pour recevoir le baptême. Du reste, il est bien plus heureux avec celle qui lui reste. » — « N'est-ce pas Moukembi ? » ajouta-t-il en s'adressant au suisse qui, appuyé sur sa canne, le tricorne sur la tête, eût un large sourire de satisfaction. « Bien en paix maintenant, dit-il ».

Moukembi revint le soir, non plus comme suisse, mais comme chef, nous offrir le cadeau de l'amitié. Tous les chefs des villages voisins s'empressèrent du reste d'accourir, apportant une chèvre ou une poule. Mais il importe d'être au courant des usages et de bien savoir, qu'au Congo, les chefs n'offrent des cadeaux que pour en recevoir. Quand on leur a payé largement la valeur de leur don, ils s'en vont, dignes et fiers du geste qu'ils ont accompli en votre honneur ! J'eus cependant une surprise qui marque une heureuse évolution de cette mentalité primitive et intéressée. Comme les chefs, des catéchistes avaient tenu, par déférence, à m'apporter leur cadeau et je leur en avais remis le prix. Ils allèrent ensuite trouver le Père : « Nous n'avons pas osé refuser le don de Monseigneur... Mais nous ne sommes pas des païens, nous voulions vraiment offrir un cadeau : garde cet argent pour la Mission ».

Et, cependant, ces pauvres gens ne sont pas riches. Ils sont 34 attachés à la Mission de Mbamou et leur salaire exige de leur part un véritable dévouement. Parmi eux, s'est révélé un artiste. Avec un simple couteau de poche, Clotaire Kibongui taille dans un bloc de bois des statues aux lignes allongées, aux silhouettes très caractérisées. J'admire un Sacré-Cœur, une Sainte-Famille, et surtout une religieuse de Saint-Joseph de Cluny, son premier essai d'après un modèle vivant, et peut-être son œuvre la plus réussie. En quelques heures, il s'amuse à sculpter mon buste qui, s'il n'est pas un chef-d'œuvre, dénote, du moins, un don d'observation remarquable.

Le temps passe passe très vite auprès du Père « Maboni » dont on écouterait indéfiniment les histoires. Je le vois encore absorbant pour tout repas quelques douzaines de nsafous, sorte d'énormes olives violettes que l'on ramasse par paniers sur un arbre gros comme un noyer et qu'il déclarait délicieuses à la croque au sel. Je ne partageais pas son goût pour les nsafous, mais je ne perdais pas un mot de ses histoires.

L'une d'elle exprime, d'une manière touchante, le rayonnement du christianisme.

Un vieux chef païen, Maloukou, avait un de ses enfants très malade, un petit, un de ses derniers nés... Le Père passe au village et apprend que Maloukou a défendu de l'avertir de peur qu'il ne baptise l'enfant.

« Comment, Maloukou, toi qui es mon ami, toi qui a déjà donné à la mission plusieurs de tes filles, tu ne veux pas que je baptise ton petit qui est malade. »

— « C'est que vois-tu, Père, il est si joli, mon

LINZOLO : LA RÉCEPTION A LA RÉSIDENCE

LA CHAPELLE ET LES PÈRES DE LA MISSION

UN ARTISTE SCULPTEUR

CLOTAIRE KIBONGUI, CATÉCHISTE A MBAMOU

petit. Je n'en ai jamais eu un comme celui-là. Si tu le baptises, il sera au bon Dieu, et il est si joli, si joli, mon petit, que le bon Dieu le prendra certainement de suite près de Lui ! »

Je passe toute la diplomatie du Père qui assura à l'enfant si joli sa place parmi les anges. Je note comme délicieuse et, dans son erreur, toute imprégnée d'une certaine foi chrétienne, la réponse du vieux Maloukou qui savait que, par le baptême, les enfants appartiennent définitivement au bon Dieu.

Dans ces régions où les missionnaires travaillent depuis longtemps, l'atmosphère chrétienne enveloppe les païens eux-mêmes.

*
* *

De Mbamou à Linzolo, notre dernière étape, il y a une petite journée de marche. Les porteurs de Mbamou regagnent leur village après avoir reçu leur salaire et les compliments mérités... Le Père Jaffré simplifie les paquets, laisse à la Mission les sacs de couchage et la boîte-chapelle qui seront envoyés directement à Brazzaville et répartit de nouveau les charges. Nous prenons la route des caravanes qui évoque tant de souvenirs, ceux de Mgr Augouard, et aussi ceux de la Mission Marchand et Baratier...

La région est relativement peuplée. Dans la plupart des villages, un catéchiste réside avec quelques chrétiens. A l'approche de ces villages, le chemin a été défriché en notre honneur. Des arbustes ont été coupés, élagués, et les troncs d'arbres mis de côté. Mais, il y a encore des passages difficiles dans les hautes futaies ombreuses où les rayons du soleil ont peine à se glisser. Les porteurs passent dans l'encombrement des lianes et traversent les rivières sans perdre l'équilibre, avec une habileté prodigieuse. Le tipoye est-il fatigué de cette course autant que moi-même ? C'est possible. Par deux fois le ressort cassera et il faudra réparer par des moyens de fortune.

Les chrétiens ont organisé des réceptions touchantes et naïves. Une des plus pittoresques fut celle des enfants de Koubala. Ils nous attendent dans la brousse, groupés autour d'un drapeau français. Les « Mboté » Monseigneur, nous souhaitent la bienvenue. Le catéchiste débite son petit discours. Puis, à un signal donné, toute la troupe, vingt enfants, dont la moitié de filles, commence la *Marseillaise*. Les couplets sont chantés en solo et les petites voix éraillées clament sur ce plateau désert « Aux armes, citoyens ». Le dernier couplet achevé, gravement, le catéchiste ouvre son livre de cantiques et entonne, aussi solennellement que le jour de la Fête-Dieu, le *Lauda Sion* ! Une salve de coups de fusil fit une opportune diversion et termina heureusement cette manifestation.

Linzolo me réservait d'autres surprises. La plus ancienne des missions de la brousse avait voulu dépasser toutes les autres dans l'éclat de la fête.

Partis vers huit heures du matin, nous avions atteint vers trois heures de l'après-midi une immense plaine, la plaine de Boudzouka. J'aperçois tout d'un coup flotter au loin un grand drapeau français. Mes tipoyeurs pressent l'allure. Est-ce la Mission ? La poudre parle, des enfants crient et frappent des mains autour du drapeau. Un Père s'avance. Je mets pied à terre et je salue le Père Pourchasse, tandis que les salves et les cris redoublent.

— « Alors, Père, nous sommes arrivés ?

— « Mais non, me dit-il. Nous ne sommes qu'une petite délégation venue pour vous saluer. La

Mission est à une bonne heure de marche. Voyez, on aperçoit dans le lointain les toitures blanches. »

Nous remontons en tipoye et nous continuons la route précédés du drapeau, et entourés des enfants. L'escorte se grossit de quart d'heure en quart d'heure, de toutes les délégations des villages voisins.

Mais voici que, dans une dépression de terrain, en bas d'une côte, à l'entrée d'un magnifique sous-bois, un groupe compact barre la route. Un arc-de-triomphe, un dais de verdure, est dressé au milieu du chemin. Des drapeaux, des bannières, des oriflammes s'avancent à notre rencontre.

De nouveau je descends pour saluer le Supérieur de Linzolo, le Père Kranitz, un alsacien, entouré de ses chrétiens. Descendre, mais non. Il y a encore plus d'un kilomètre avant la Mission et il faut passer triomphalement sous les dais de verdure. On se dispute l'honneur de porter mon tipoye. Les acclamations redoublent. Les porteurs s'élancent à toute vitesse. La foule suit dans un indescriptible tohu-bohu. Les enfants agitent frénétiquement leurs oriflammes et j'aperçois une *Mater dolorosa* que son porteur, en gambadant, secoue violemment en signe d'allégresse.

Les cris, les chants, rythmés par les battements de mains, se succèdent sans interruption avec un crescendo charivarique. Le cortège passe dans une splendide avenue dont les arbres énormes semblent monter la garde. Les arcs de verdure se multiplient. La course devient vertigineuse, étourdissante.

Dans la cour d'honneur, toute l'allée est décorée de branches de palmiers que relient de gracieuses guirlandes en feuilles de manguiers. J'en compterai, le lendemain, plus d'un kilomètre. Les enfants ont bien travaillé ! La maison elle-même est parée d'andrinople rouge coupée de verdure avec des faisceaux de drapeaux aux couleurs nationales que domine un grand drapeau du Sacré-Cœur.

La réception se termina à la chapelle où je remerciai le Père Supérieur de cet accueil deux fois chaleureux, l'accueil d'un français d'Alsace...

*
* *

Saint-Joseph de Linzolo est la première Mission du Congo français établie en 1883 par MgrAugouard alors simple missionnaire, lors d'un de ses voyages au Stanley Pool.

Je fus heureux de serrer la main au fils d'un des chefs qui facilita la fondation de Linzolo et qui, à l'exemple de son père, baptisé avant sa mort, est aujourd'hui un excellent chrétien.

Péniblement commencée avec de pauvres enfants arrachés à l'esclavage, la Mission n'a cessé de se développer. Elle compte plus de 4.000 chrétiens et 2.275 catéchumènes. En 1924, 712 baptêmes et 95 mariages ont été célébrés. J'eus la joie de donner moi-même 133 confirmations.

Les premiers bâtiments de la Mission, construits en briques séchées au soleil, datent de plus de quarante ans et tiennent encore. L'école, les ateliers, les dépendances s'y ajoutèrent successivement ainsi que la petite église surmontée d'un clocher. Celle-ci occupe tout un côté de la cour d'honneur où des massifs de rosiers fleurissent autour d'une belle statue de Notre-Dame de Lourdes. Le Père Éric vient de terminer la réfection de la voûte, peinte en bleu azuré. L'autel, couvert de roses dont le parfum subtil embaume, me donne l'illusion de quelque chapelle de France.

Ancien Supérieur de la Mission, le Père Jaffré a gardé de tous ses paroissiens le meilleur souvenir.

Mais il a gardé un souvenir cuisant de la visite annuelle que la maison reçoit presque régulière- ment.

Une nuit qu'il reposait fort tranquille, de désa- gréables picotements le réveillent en sursaut. Par le plafond descend, en faisant la chaîne, toute une armée de vigoureuses fourmis rouges qui envahissent la chambre et le lit. « J'eus tôt fait de déguerpir, nous dit-il, et de fuir dans la cour. »

> — ... « Dans le simple appareil
> D'une beauté surprise qu'on arrache au sommeil. »

ajoutai-je en riant.

— « Que voulez-vous, dit-il, il n'y avait dehors que les étoiles, et tous mes vêtements étaient envahis. »

Les fourmis arrivent tantôt par le toit, tantôt par l'escalier. Quand elles pénètrent dans l'écurie, il faut se hâter d'ouvrir la porte aux cabris qui se sauvent prestement.

Leur invasion a un avantage. C'est un nettoyage complet des rats, des cancrelas et des chauve- souris. Après cinq ou six heures de travail, la besogne est terminée. Elles vont opérer ailleurs. Elles semblent organisées comme une armée par corps de troupe ayant chacun des objectifs précis et toujours fortement gardées par leurs gendarmes aux puissantes mandibules.

Les récits du Père Jaffré me donnèrent, je crois, quelque cauchemar. Mais la nuit se passa sans invasion.

Je ne connus pas les morsures des fourmis, mais j'expérimentai les désagréments de la « chique ». Il eût été étonnant que nos séjours dans les cases indigènes n'aient pas laissé de trace.

La chique est une petite puce de sable qui cherche

pour pondre les parties les plus tendres du pied.
Elle s'introduit, sans crier gare, et vous sentez
à peine sa piqûre. Mais, bien logée entre les orteils
ou autour des ongles, elle pond ses œufs qui
atteignent vite la grosseur d'un pois et causent une
sensation fort douloureuse. Je crus m'être blessé
et éprouvais à marcher une vraie difficulté. On
eût vite diagnostiqué mon mal. Grégoire, un petit
boy à l'œil vif, fut chargé de m'opérer. Armé d'un
bois pointu, il examina soigneusement mes doigts
de pied et, très prestement, extirpa la chique
qu'il écrasa triomphalement sur son ongle. « J'ai
gagné, Père, dit-il.. »

Je le félicitai de sa victoire, appréciant fort sa
dextérité.

*
* *

Le lendemain, après les cérémonies du baptême
et de la confirmation, j'assistai, avant notre
départ, à une cérémonie de mariage. Les sacrements
dans les stations, se donnent ordinairement
en série, car on a l'excellente habitude de toujours
les faire précéder d'une retraite préparatoire.

Sept mariages avaient lieu ce jour-là. Chacun
des mariés a sorti sa grande tenue : l'un, un pantalon et une chemise ; l'autre, un pagne et une veste
blanche ; un troisième un large pardessus ; les
femmes ont presque toutes un pagne et un petit
corsage. Mais ce qu'il faudrait pouvoir rendre,
c'est l'attitude timide et craintive de la fiancée,
assez peu habituée, d'après les mœurs congolaises,
à ce qu'on lui demande son consentement pour la
marier.

L'épouse chrétienne, peu à peu, conquiert sa
place et Linzolo groupe près de cinq cents ménages
catholiques, vraiment fidèles à la loi du bon
Dieu.

*
* *

A Linzolo s'achevait notre tournée. Le retour s'effectua, moitié en tipoye, moitié en pousse, dès que nous eûmes atteint la grande route, ou plus exactement le seul tronçon de route du Congo français. Le pousse est un carrosse de luxe par rapport au tipoye, et le voyageur peut jouir plus à l'aise du paysage et de la vue qu'à travers les bouquets d'arbres, on découvre sur le Fleuve et sur Léopoldville. A l'extrémité d'un beau pont de bois jeté sur le Djoué, se tient le marché aux poissons, de minuscules petits poissons bien étalés l'un près de l'autre.

Le Héron les aurait certainement dédaignés. Nos noirs en font leurs délices.

A midi, nous étions à Brazzaville, après une absence de plus de douze jours, ayant parcouru environ 275 kilomètres. Là où existe une route automobile, la même distance qui a exigé six jours de marche, aurait été franchie en quelques heures. Le missionnaire du Bas-Congo se heurte à toutes les difficultés de la brousse.

CHAPITRE IX

La Famille au Congo

Un jeune homme d'une vingtaine d'années,
à la démarche souple, à la poitrine large et forte,
aux muscles résistants, tenait par la main une
enfant de dix ans à peine, maigre et chétive,
d'apparence souffreteuse, qui suivait timide et
soumise. Il s'avança vers le Père Supérieur :
« Père, je t'amène ma fiancée ».

Je ne pus retenir un sourire et un geste étonné.
Une palabre s'engagea entre le Père Supérieur et
le jeune homme. Celui-ci venait d'acheter l'énfant
à un vieux polygame. Elle était physiquement de
médiocre valeur. Il l'avait eue à bon compte.
Le sort de la fillette se régla. Elle serait envoyée
chez les Sœurs de Brazzaville pour se préparer
au mariage pendant quelques années

Cette scène qui se passait à Kindamba me
sembla très significative de la situation de la
femme en Afrique Equatoriale.

*
* *

La femme est pour le noir païen un être inférieur
que l'on achète comme un instrument de travail
ou, si l'on est riche, comme un objet de plaisir.
Sauf en de rares tribus, elle ne dispose pas d'elle-
même et n'est pas consultée sur son sort. Sa famille,
dont elle constitue la richesse avec les bananes,

le manioc et les chèvres, la vendra à un maître
qui la revendra ou l'échangera à son gré. Elle
servira d'enjeu dans les paris. Elle sera parfois
donnée en signe d'amitié ou en récompense.
Dans certaines régions, le chasseur qui aura tué
une panthère recevra, comme prime, une des
femmes du chef du village.

La femme est une chose dont son maître dispose.
Aussi s'assure-t-on de sa possession dès l'âge le
plus tendre. Une enfant encore au sein de sa mère
sera achetée comme en d'autres pays on acquiert
une récolte sur pied. Dès qu'elle le pourra l'enfant
travaillera pour le compte de son propriétaire,
cultivera son manioc, et dès qu'elle aura atteint
l'âge nubile, parfois dès onze ans, elle prendra rang
d'épouse et lui donnera des enfants. Ces mariages
précoces, lorsque la femme est à peine formée,
sont désastreux pour l'avenir de la race. Au
simple point de vue physiologique, il y a grand
intérêt à modifier peu à peu ces coutumes et à
retarder de telles unions.

Du reste, les jeunes gens ne recherchent les
enfants en bas âge que pour payer une dot moins
élevée. La dot a vraiment en Afrique le caractère
d'un marché : on achète sa femme. Le prix en
variera suivant son âge, ses qualités, ses charmes,
la situation de la famille, et aussi suivant les
régions. De 2 à 600 fr. dans le Moyen-Congo,
il n'est encore chez les Bandas, d'au delà de Bangui, que de 50 à 150 fr. Le prix s'acquitte soit
en argent, soit en nature : cabris, poulets, pagnes,
instruments de travail. Cependant la femme
n'est pas une marchandise ordinaire. L'acheteur
en est responsable vis-à-vis du vendeur qui est
la famille. Si on lui fait tort, la famille protestera,
menacera de la reprendre, exigera des amendes.

En certaines tribus, chez les Bandas par exemple,

la famille surveille jalousement le mari et cherche à tout propos à lui soutirer des suppléments de paiement. « Nous t'avons vendu notre fille, notre sœur, notre nièce. Tu as payé, il est vrai, le prix convenu. Mais reconnais que c'est bien peu pour le trésor que nous t'avons donné : une femme si précieuse ! d'un caractère si agréable ! qui t'a donné tant d'enfants ! »

Les beaux parents veulent appliquer la participation aux bénéfices et ils sollicitent des petits cadeaux. Ils se posent en défenseurs de la femme et si celle-ci est mécontente de son mari, elle se réfugie dans sa famille d'où elle ne sortira que contre paiement d'une rançon. Heureuse sera-t-elle si le mari ne trouve moyen de la lui faire payer à son tour et de se venger sur elle !

« L'union nègre, écrit le Dr Cureau[1], établit une sorte de compte toujours ouvert entre le mari et la famille de sa femme. » De là d'interminables palabres où les plus habiles ont peine à discerner le droit de chacun.

*
* *

La dot a cependant l'avantage de donner à l'union une certaine stabilité. Si chez les païens le divorce est partout connu et accepté, il faut reconnaître qu'il est partout considéré comme un mal, un mal économique sans doute, plus qu'un mal moral. Il nuit à des intérêts de famille ! Aussi est-il soumis à certaines règles minutieuses qu'on ne saurait enfreindre. Les droits de la famille seuls comptent ; les droits de l'individu sont secondaires. On l'a constaté au Japon, où le divorce est si fréquent : la société résiste par ce que la

1. Dr Cureau, *l. c.*, p. 119.

« Maison » est entre les individus le lien premier
et suprême qui ne laisse personne isolé. « Il en est
ainsi dans la société primitive, écrit Mgr Le Roy:
le divorce n'a pas toutes les conséquences dissol-
vantes qu'il exerce en nos sociétés civilisées[1]. »

*
* *

Plus encore que le divorce, la polygamie fait,
en Afrique Equatoriale, les plus tristes ravages.
Elle est devenue une institution sociale. Le nombre
des épouses marque la richesse et la puissance
de celui qui les possède. Les femmes sont de
véritables esclaves chargées des plus rudes travaux. « Batouala » mange, fume, boit, dort, chasse,
discute. Ses femmes iront défricher la brousse,
planter le manioc, récolter les fruits et reviendront,
le soir, accablées des plus lourds fardeaux. Elles
prépareront au retour le repas du maître, et si
celui-ci n'est pas content, son humeur se mani-
festera, sans égards, plus ou moins brutalement,
suivant son tempérament ou suivant la quantité
de boisson qu'il aura absorbée.

Entre ses femmes il faudra maintenir la paix.
Il y a la première femme qui a des droits et qui,
d'ordinaire, gouverne. Mais il y a surtout la
favorite du moment. On devine les rivalités,
les querelles et les rixes que l'ambition ou la
jalousie peuvent susciter.

La femme du polygame ne possède rien, pas
même ses enfants qui, à la mort de son mari,
appartiendront comme la récolte et les instruments
de travail, aux héritiers du défunt.

La polygamie met donc la femme dans une

---

1. Mgr LE ROY, *La Religion des Primitifs*, 5ᵉ éd., Paris 1925,
p. 103. — Mgr FRERI, *Family and divorce in Japan*, 1 broch., New-
York, 1919, p. 10.

situation véritablement contraire au droit naturel·
En fait, elle la constitue en esclavage.

D'autre part, elle compromet l'avenir de la
race parce quelle empêche une foule d'hommes
de fonder un foyer et parce qu'elle est une cause
permanente de dénatalité. Dans les régions où
règne la polygamie, de nombreux jeunes gens
ne peuvent trouver d'épouse. Au Cameroun, le
recensement de 1923 a établi que dans la subdivision de Zangmelima, environ 60 0/0 de la population masculine est vouée au célibat forcé. Les
vieux polygames accaparent les femmes. Dans
une Mission catholique de cette subdivision,
pour 4.000 hommes qui désireraient se marier,
il n'y avait pas plus de 10 jeunes filles et de 50
femmes veuves ou libres à choisir.

Enfin les femmes mariées à un polygame ont
peu ou n'ont pas d'enfants. La moyenne des
femmes de polygames sans enfants atteint en
certaines régions 50 0/0. Le nombre des enfants
est loin d'être en proportion avec le nombre
des femmes. Une enquête portant sur six ménages
de grands polygames, accuse 35 enfants pour
398 femmes, pas même un enfant pour dix ! Et
ce résultat n'est souvent obtenu que par la lamen-
table coutume du prêt ou de la location des
épouses. Cette prostitution est elle-même un obstacle à la fécondité, obstacle qu'augmentent
encore de fréquents avortements volontaires pro-
voqués par la femme esclave en haine de son
mari.

La polygamie, condamnée par la loi chrétienne
du mariage, se révèle donc néfaste au point de
vue économique et social. Elle est une forme
odieuse d'esclavage que la civilisation doit tendre
à faire cesser peu à peu.

*
* *

Le mariage païen, malgré les tares et les erreurs qui en vicient la pureté, n'en constitue pas moins un vrai mariage, une organisation sociale soumise à des lois qui dominent le caprice de l'individu.

Dans la plupart des tribus bantous l'exogamie est de règle : on doit choisir une épouse en dehors de sa parenté. L'inceste est partout puni et le fruit en est détruit avec horreur. Le mariage est précédé de négociations avec la famille et le divorce soumis à des conditions qui imposent à l'union une certaine stabilité. L'adultère, qui était puni souvent autrefois de la peine de mort, entraîne toujours des amendes pécuniaires. Enfin, le respect qui entoure la fonction de la maternité donne au mariage un certain caractère religieux.

Dans les tribus les plus dégradées, il y a une organisation de la famille.

*
* *

Comment arriver à faire pénétrer dans ces pays l'idéal du mariage chrétien ? C'est le problème qui se pose pour le missionnaire.

L'unité du mariage n'est pas impossible à obtenir. Le mariage monogame existe, même chez les païens. Dans la subdivision de Zangmelima, au Cameroun, dont nous avons déjà parlé, 2.500 ménages sont monogames.

Toujours le ménage chrétien accepte joyeusement l'ordre du Créateur : « Croissez et multipliez-vous ». La peur de l'enfant n'existe pas en Afrique. La femme indigène ne redoute pas la maternité, et le père sait qu'il trouvera en ses fils et ses filles une richesse et une influence.

Reste à vaincre l'habitude de considérer la femme comme un être inférieur. Les principes chrétiens sur l'égalité des époux dans les devoirs du mariage, la dévotion à la Sainte Vierge qui apprend à respecter la Vierge et la Mère, tout l'ensemble de la religion chrétienne modifie peu à peu les mœurs.

Tant que dureront les coutumes païennes, la situation des femmes chrétiennes sera parfois extrêmement compliquée. Le récit suivant montrera l'imbroglio qui peut se produire par suite des héritages :

Un jeune chrétien Menyna Oké a confié sa fille (huit à dix ans) à l'école. Cette enfant lui était née quand il était encore païen ; mais l'an dernier, dès son baptême, il l'avait de lui-même confiée à la Directrice de l'école.

— « Pourquoi viens-tu chercher ta fille ?

— C'est qu'elle n'est pas à moi et celui qui la commande la réclame.

— Comment, ta fille n'est pas à toi ? C'est bien ta fille ; tu nous l'a donnée pour telle !

— Certainement c'est ma fille. Seulement sa mère, ma femme, m'a été donnée lors du partage de l'héritage d'un cousin à moi. A ce moment-là, comme ce cousin n'avait pas de fils assez âgé pour épouser cette femme, c'est à moi qu'elle fut donnée. Nous avons eu une fille ; celle que, chrétien, je t'ai confiée. Mais le fils de mon cousin devenu assez grand pour se marier me réclame aujourd'hui ma fille dont il est le vrai maître, le père légal puisqu'elle est née d'une femme qui lui revenait légitimement en héritage.

Comme elle est réellement sa nièce, il ne peut pas l'épouser lui-même, mais il peut la vendre. Avec le prix qu'il en retirera, il pourra s'acheter une femme.

On voit l'imbroglio de cette situation. Ou il faut rendre la fille au cousin ou il faut lui acheter une femme : « Et comment aurais-je de quoi lui acheter une femme sans vendre ma fille ? ».

Ainsi un père et une mère chrétiens sont obligés de laisser vendre leur fille à n'importe quel vieux polygame qui aura des marchandises suffisantes pour rembourser le cousin.

Ce cousin était du reste lui-même catéchumène et en âge

de mariage. Il ne peut se marier sans vendre en effet la seule petite fille dont il dispose !

S'il avait une sœur, il se marierait avec les marchandises provenant du mariage, de la vente de sa sœur. Mais comme il n'en a pas, il est bien obligé de réclamer à son cousin la fille née de la femme qui héréditairement aurait dû être la sienne [1].

*
* *

Les missionnaires comprirent très vite qu'il était nécessaire pour parer à de telles difficultés de constituer une caisse qui permettrait d'apporter une solution au problème de la dot et d'assurer ainsi la liberté du mariage chrétien.

Dès 1912, Mgr Augouard demanda quelques fonds à la société anti-esclavagiste pour établir une caisse dotale. Cette même année, les premières Sœurs de l'Ordre de Saint-Joseph de Cluny arrivaient à Brazzaville.

L'Evêque les chargea de l'œuvre des fiancées. Il y a parmi les fiancées des jeunes filles qui achèvent leur formation chrétienne sous la direction des religieuses. Il y a des femmes païennes qui veulent épouser un chrétien et se préparent au baptême. Il y a des femmes de polygames qui, achetées malgré elles, se sont sauvées pour échapper à cette vie tyrannique et sont venues demander aux Sœurs refuge et protection. Une sorte de droit d'asile s'est pratiquement introduit qui prépare l'émancipation chrétienne de la femme noire. La fragile clôture de bambous qui entoure

---

1. Nous empruntons ce trait typique à un ouvrage protestant dont l'abondante documentation pourra utilement être consultée par les spécialistes.

R. ALLIER, *La Psychologie de la conversion chez les peuples non civilisés*, Paris 1925. Tome II, p. 330, note citant J. M. E. chez les Pahouins.

la propriété des Sœurs de Saint-Joseph de Cluny est un obstacle qu'aucun n'oserait franchir pour arracher de ce lieu de paix et de liberté celle qui s'y est réfugiée.

Cependant une question de justice s'imposait pour ne pas violer les coutumes : la femme avait été achetée, il fallait rendre la dot versée à la famille. La caisse dotale intervenait alors et assurait la liberté de la femme noire au prix des quelques cents francs que la famille aurait hésité à rendre.

Cette somme, du reste, n'est pas donnée à fonds perdu. Le chrétien qui viendra choisir parmi les fiancées abritées chez les Sœurs, sa future épouse, s'engagera à rembourser la dot avancée par la caisse dotale qui pourra ainsi être en mesure de libérer une autre chrétienne.

En 1916, une vingtaine de ménages chrétiens avaient pu s'établir grâce à la caisse dotale et avaient remboursé 1.755 francs.

La caisse connaît cependant des déficits. Quelques femmes pour lesquelles la dot avait été versée moururent avant le mariage. Les missionnaires auraient pu en exiger le remboursement à la famille, ou exiger une autre femme pour remplacer la défunte. Mais, désireux de modifier peu à peu ce qui, dans les coutumes matrimoniales, ressemble trop à un marché, ils préférèrent ne rien réclamer.

À Linzolo, en 1923, les missionnaires avaient avancé sur leurs maigres ressources près de 5.000 francs dont ils ne furent remboursés qu'en partie. Mais comment résister à la joie apostolique de libérer une esclave pour en faire une épouse chrétienne ?

À mesure que l'œuvre se développe, elle s'organise. Les jeunes chrétiens qui n'ont pas les ressources suffisantes pour verser la dot à la famille de leur fiancée prennent l'habitude de demander des avances à la caisse dotale. La prudence conseille d'exiger que cette somme soit remboursée avant le mariage. En attendant, la fiancée, confiée aux religieuses, se prépare au baptême, à ses devoirs d'épouse chrétienne et se forme à la bonne tenue du ménage. De temps à autre, le fiancé vient rendre visite à sa future et, sous le regard bienveillant de Mère Marie, le jeune homme offre tendrement, en guise de bouquet, un régime de bananes, du manioc ou un peu de poisson fumé...

Les chiffres actuels prouvent les services de la caisse dotale qui fonctionne, non seulement à Brazzaville, mais dans les principaux postes du Vicariat. De juillet 1924 à juillet 1925, elle a permis d'assurer 537 mariages chrétiens dont 189 pour Brazzaville, avec un mouvement de fonds de 13.500 francs.

537 foyers chrétiens en une année : n'est -ce pas l'assurance du développement continu de la chrétienté ?

*
* *

L'effort des missionnaires n'atteindra son plein rendement que s'il est appuyé, ou du moins n'est pas entravé par l'administration civile.

En certaines régions, l'administration a établi une taxe fiscale progressive variable suivant le nombre des femmes et progressivement assez forte pour finir par être prohibitive. Mais ces mesures sont insuffisantes si elles ne sont complétées par une législation assurant à la femme une vraie liberté.

Toute femme de polygame, qui peut rembourser à son possesseur son prix d'achat, devrait avoir le droit et la facilité de suivre le mari et la religion de son choix. Il faudrait donc que l'administration exigé le libre consentement de la femme dans les mariages, protège les enfants mineurs et ne laisse pas les réclamations se régler dans les palabres où les indigènes, appelés à les apprécier, sont tous eux-mêmes des polygames.

Une intéressante réforme des tribunaux indigènes a été enfin introduite. Dans nos colonies d'Afrique, les tribunaux indigènes présidés ou non par un fonctionnaire européen, appliquent en matière civile, les coutumes locales, en ne distinguant arbitrairement que deux statuts : le statut musulman et le statut non musulman.

Rien de plus juste à ce qu'un musulman soit jugé selon la loi coranique. Mais pourquoi refuser aux non musulmans ce qu'on accorde à ceux-ci ?

Ces « non musulmans » ne sont pas tous des fétichistes. Un indigène chrétien vivant selon la coutume chrétienne et par conséquent monogame, ne saurait être convenablement jugé par trois magistrats musulmans ou fétichistes et subir des coutumes qu'il repousse, spécialement dans les questions intéressant la famille : mariage, attribution des enfants, sort de l'épouse en cas de décès. La coutume fétichiste qui veut que les femmes d'un mari décédé passent en héritage à ses ayants droits au même titre que ses poules et ses cabris, viole la légitime liberté de la femme. Jusqu'ici, quand la femme chrétienne réclamait cette liberté, la « justice » la lui refusait.

Le décret du 22 mars 1924 met fin à ce déplorable état de chose pour les colonies de l'A. O. F. Désormais, on appliquera, dans les procès de ce genre, les coutumes des *parties* et d'autre part, il est prévu que la coutume de chaque partie sera toujours représentée au sein du tribunal. Un musulman sera jugé selon la loi coranique ; un fétichiste selon ses propres coutumes, et un chrétien selon la loi chrétienne et par un tribunal comportant au moins un juge chrétien et même deux, si les deux parties sont chrétiennes[1].

Il y a dans ces dispositions un progrès notable qui contribuera à faire régner plus de justice et de moralité dans les palabres. Nul doute qu'elles ne soient étendues peu à peu à toutes les colonies.

Le mariage chrétien en sera grandement facilité pour le plus grand bien de la civilisation.

1. Un décret du 29 avril 1927, sur les tribunaux indigènes en A. E. F., introduit en Afrique Equatoriale ce régime nouveau que Mgr Beaupin résume ainsi : ,

1° Il y a toujours dans les tribunaux indigènes des représentants des groupements ethniques et religieux intéressés et il est ou sera précisé que l'indigène converti doit être considéré comme ayant une coutume modifiée par sa conversion.

2° En matière civile et commerciale, ces tribunaux doivent appliquer la coutume des parties. Toutefois, en cas de conflit de coutume « dans les questions intéressant le mariage et le divorce, l'attribution des enfants, le sort de l'épouse, en cas de rupture de mariage par divorce, répudiation ou décès de l'un des conjoints », il est statué « d'après la coutume qui a présidé à la négociation du mariage, ou s'il n'y a pas eu de contrat, suivant la coutume de la femme ».

Cf. L'Islam et l'Esclavage, par Mgr BAUPIN, dans le volume *L'Islam et les Missions Catholiques*. Bloud et Gay, 1927.

LE PIE X DE MGR AUGOUARD

Sur le Congo : Ravitaillement par les pirogues

CHAPITRE X

Protestantisme et Islamisme

Missions Catholiques et Missions Protestantes. — Attitude hostile des protestants suédois de la Madzia. — Attitude sympathique d'un pasteur français. — Le danger du libre examen et du laïcisme. — Les marchands haoussas. — L'islamisme et les populations fétichistes. — Le Problème Noir et les Congrès Pan Nègres.

« Que penser des Missions protestantes du point de vue catholique ? » Le R. P. de Grangeneuve qui pose nettement la question dans une conférence sur le *Catholicisme aux Indes*[1], donne la réponse suivante : « Question bien embarrassante. Sans doute, grâce aux Missions protestantes, bien des âmes sont baptisées qui ne le seraient pas et arrivent à une certaine connaissance de Notre-Seigneur Jésus-Christ. Beaucoup de païens apprennent à respecter le christianisme. Mais leurs croyances sont si flottantes... Leur culte vide et froid rend leurs efforts bien superficiels.

Quelle est leur attitude vis-à-vis de nous ? J'ai rencontré toute la gamme, depuis l'antipathie haineuse... jusqu'à l'admiration sympathique pour le missionnaire catholique, je dirais le regret inavoué de n'être pas des nôtres ».

Je devais, dans mon voyage au Congo, rencontrer ces deux extrêmes.

Dans ma tournée à travers les Missions de la brousse j'avais été frappé, de village en village, par la réception cordiale et sympathique des chefs et des habitants. On nous accueillait avec

---

1. *Conférence de l'Union Missionnaire du Clergé*, 1re série, p. 110, Paris 1924, Téqui, éditeur.

joie. Païens et chrétiens rivalisaient d'empressement pour ravitailler la caravane et offrir les cadeaux de l'amitié. En approchant de Mbamou, par une matinée toute ensoleillée succédant à une nuit de violentes tornades, nos tipoyeurs, dont plus de la moitié étaient encore païens, marchaient d'un pas alerte et s'entrainaient de leurs chants enfantins.

La vallée de la Madzia se découvrit à nos yeux. La rivière serpente entre les collines, serrée sur sa rive par la ligne du chemin de fer Brazzaville-Océan. Un groupe d'indigènes croise la caravane. Les interpellations d'usage s'échangent avec eux, d'autant plus amicales que plusieurs sont des chrétiens de Linzolo qui s'en vont vendre à la capitale leurs travaux de vannerie.

Une rude montée sur la rive opposée et nous sommes au pied d'un ensemble de constructions bien ordonnées qui dominent la route. C'est la Mission protestante suédoise de la Madzia, établie en cette région depuis 1909.

Comme toujours en Afrique, par quelque mystérieuse T. S. F. nous étions signalés. Des nuées d'enfants sortent de toutes parts et, du haut de leur observatoire, nous accablent d'injures que j'aurais pu prendre, dans mon ignorance, pour des acclamations n'eût été leurs gestes et la réaction de nos porteurs : païens et chrétiens étaient indignés. Il fallut toute l'autorité du Père Jaffré pour contenir la caravane disposée à intervenir vigoureusement.

Très calme, le Père Jaffré se contenta de monter seul à la Mission et demanda le Directeur. Les catéchistes excusèrent ce dernier assurant qu'il reposait encore, il était vers 11 heures du matin et un dimanche, si je ne me trompe, — et présentèrent tous leurs regrets pour l'attitude, toute spontanée, affirmèrent-ils, de leurs enfants...

Nous avions été « hués », — c'est la traduction littérale du mot dont nos porteurs se sont servis, — parce que prêtres catholiques. Notre qualité n'était pas ignorée. Je m'empresse d'ajouter qu'un drapeau étranger flotte sur la maison. Ces protestants ne sont pas des français.

L'attitude des enfants de la Madzia pouvait être « toute spontanée ». Ils sont nourris dans la haine du « papisme » et d'aucuns ajoutent « de la France ».

Cet état d'esprit, d'hostilité aiguë, assez rare aujourd'hui, permet de comprendre certaines pages d'histoire sur les difficultés que rencontrèrent les premiers missionnaires d'Océanie, aux Samoa par exemple, où les ministres protestants entretenaient dans la population les plus absurdes et les plus odieux préjugés contre les prêtres catholiques qu'ils n'hésitaient pas à représenter comme des mangeurs d'enfants[1] !

*
* *

D'un tout autre esprit était le jeune pasteur qui, apprenant mon passage, voulut venir me saluer sur le *Dolisie* dans une des escales du retour en descendant de Bangui. Ancien blessé de guerre, il avait travaillé quelque temps avec les protestants américains dans la région du Tchad. Mais il a trouvé la Mission « un peu trop commerciale » et a préféré s'établir seul pour prêcher vraiment l'Évangile. Récemment marié, sa jeune femme l'a suivi, a pris son diplôme d'infirmière et soigne les sommeilleux. Tous deux veulent se

---

1. Cf. Monfat, *Les premiers Missionnaires des Samoa*, p. 150 et sq., nouvelle édition, Paris 1923.

dévouer sans se préoccuper de savoir s'ils seront soutenus puisque, officiellement, ils ne sont rattachés à aucun groupe.

La première question à poser quand on rencontre un protestant est, en effet, de lui demander à quelle « dénomination » il appartient. Les variations se sont amplifiées depuis Bossuet. « Je crois à tout l'Évangile, me dit-il avec un regard clair et plein d'idéal, je crois Jésus né de la Vierge Marie. » — « Votre doctrine personnelle est, sur ces points excellente. Mais de quelle autorité l'imposerez-vous ? et après vous que prêchera votre successeur ?... »

Cette question le laissa rêveur. Il préférait ne pas penser au lendemain. La cloche du départ nous sépara. Je lui serrai cordialement la main et, de tout mon cœur, j'ai prié pour que toujours ce jeune pasteur puisse dire comme Newmann, à la veille de se convertir : « je n'ai jamais péché contre la lumière ! »

*
* *

Les Missions protestantes sont relativement peu nombreuses dans l'Afrique Equatoriale Française. La statistique de l'*Atlas Missionary World* de 1925 donne 104 ministres, 2.863 communicants, 3.048 baptisés et un total de 5.823 baptisés et adhérents pour les quatre colonies de l'A. E. F.

Les missionnaires évangéliques de Paris sont établis au Gabon depuis 1892 ; les Baptistes américains, depuis 1920, au nord de l'Oubangui, sur la route du Tchad. Deux Missions suédoises ont été fondées au Moyen-Congo : l'une en 1909, celle de la Madzia ; l'autre en 1917, plus au nord vers l'Oubangui.

« Bien que comptant peu d'adeptes, écrit le Père Kranitz, Supérieur de Linzolo, le protes-

tantisme suédois luthérien travaille activement·
toute la région. » Un exemple du fanatisme de
cette secte protestante est le film cinématogra-
phique, *La sorcellerie à travers les âges* qui a été
établi par ses soins. Ce film dénature l'histoire
et bafoue le catholicisme au point que la Ligue
Patriotique des Françaises est intervenue, en
1926, auprès du Préfet de Police de la Seine pour
demander qu'il soit interdit à Paris. On peut
juger d'après ce film dans quel esprit la Mission
suédoise travaille dans le Moyen-Congo [1].

Quels que soient, du reste, les sentiments
personnels des ministres protestants, — et il en
est dont le dévouement est admirable, — le
principe du libre examen introduit par le protestantisme agit violemment sur des esprits primitifs
peu habitués au développement des thèses philo-
sophiques. Il semble, comme on l'a écrit, « que le
libre examen innoculé au nègre soit une eau-de-vie
qui empoisonne son intelligence et sa volonté
aussi sûrement que les alcools de traite empoi-
sonnent son corps [2] ». La crise du Kimbangisme
au Congo Belge en est un exemple qui devrait
faire réfléchir.

Sans aucun doute, le laïcisme des écoles officielles
françaises n'est pas moins dangereux parce que,
elles aussi, engendreront un·jour les mêmes effets.

Mais ce n'est pas une raison pour regretter,
avec certains auteurs belges, les vagues de mysti-
cisme, les « mass movement » que soulève le
piétisme protestant. L'Église catholique, si parfois
elle en bénéficie indirectement, doit toujours
en redouter les déviations. D'ordinaire, depuis

1. *Revue des Missions Catholiques*, 3 septembre 1926, p. 427.
2. De Briez, *Le Sphinx noir*, Paris 1927, p. 107.

la Pentecôte, la conversion des peuples ne s'obtient que par un long et pénible apostolat.

*
* *

Il n'est pas une contrée d'Afrique, Occidentale et Equatoriale, où l'on ne rencontre quelque marchand haoussa. Coiffé du turban ou du fez, enveloppé d'un large pantalon flottant et d'une longue tunique blanche qu'il ne lave jamais ; chaussé de sortes de babouches, il s'en va sur les bateaux, ou à travers les sentiers, de village en village, partout où il y a des échanges avantageux à faire ou des gains à réaliser. Sur son bras, de chatoyantes couvertures et des pagnes multicolores ; dans son sac de cuir, tout un bazar d'élégance, miroirs, parfums et tous les objets divers que peut envier une beauté noire ; à l'occasion, des cigarettes avariées qu'il passera à l'européen avec son meilleur sourire, tel j'ai vu le haoussa en maintes circonstances.

Est-il bon musulman non moins qu'excellent commerçant ? Très fidèle à faire « Salam », il ne semble pas qu'il exerce désormais autour de lui une grande influence. Son prestige baisse depuis qu'il n'est plus seul à représenter la civilisation.

Le Moyen-Congo ne compte qu'une minorité de musulmans, environ 2.000 dont 300 à Brazzaville et 1.500 dans la Sangha. L'islamisation est au contraire très avancée dans l'Oubangui et le Tchad. Mais, sauf dans cette dernière région, où les musulmans forment la grande majorité de la population, on noterait plutôt une légère régression[1]. C'est que, s'ils sont aujourd'hui de pacifiques commerçants, les musulmans au cours du XIXᵉ siècle ont été trop longtemps des chasseurs

1. *Annuaire du Monde musulman.*

d'esclaves. Ils ont préféré la chasse à l'homme à la prédication de la religion. Les populations fétichistes qui ont été leurs victimes ne l'ont pas oublié et se tiennent en garde contre eux.

Il y a quelque vingt ou trente ans, il était admis, à titre d'axiome, que l'Islam était une force envahissante qui devait conquérir rapidement l'Afrique Noire. Frappés par l'organisation politique des mulsumans, les Européens étaient tentés de les protéger et de favoriser leurs entreprises.

L'expérience a montré l'erreur de ce préjugé et le danger de cette tactique. On a constaté que des tribus entières enveloppées par l'Islam, résistaient à le loi de Mahomet. On a compris qu'il serait insensé de vouloir soumettre à leurs ennemis héréditaires des populations qui ont toujours lutté pour leur indépendance.

Depuis longtemps, les missionnaires ont protesté et jeté le cri d'alarme. Aujourd'hui encore, en Haute-Sangha, le Père Pedron signale les envahissements de l'Islam A ceux qui s'en réjouissent comme d'un progrès sur le fétichisme, il répond avec le Père Moreau : « Oui, la civilisation musulmane est un grand pas sur le fétichisme ; mais ce pas est le premier et le dernier, il enraye tout ».

Pour être atténué, le danger n'est pas disparu. Mais l'opinion des hommes politiques évolue vers une plus juste appréciation des situations. « Tant au point de vue de la civilisation qu'au point de vue militaire, écrivait le Colonel Baratier, je ne vois pas d'intérêt à propager l'islamisme. » « Les Africains, à quelque race qu'ils appartiennent, écrit à son tour un explorateur, M Dybowski, sont à tout jamais devenus, du jour où, par la force le plus souvent, ils sont entrés dans l'islamisme, nos irréconciliables ennemis. Jamais, à aucun prix, nous n'avons toléré l'esclavage qui est à la base de la société coranique. C'est là ce que l'islamisme ne peut ni oublier ni admettre ; il rêve encore et toujours au jour de la revanche[1]. »

M. Georges Bruel en concluait justement à la nécessité de ne pas favoriser l'islam. « Il faut par la diffusion du français et l'organisation des tribunaux spéciaux que le « Kirdi » cesse d'être traité en sauvage, malmené et bafoué. Il faut que là où les deux éléments existent (musulmans et fétichistes), les Kirdis sentent qu'on les traite sur un pied de parfaite égalité. Une telle politique n'implique pas d'ailleurs de lutte contre l'islam que nous devons entourer d'égards mais non de privilèges[2]. »

Les missionnaires qui plantent la croix barrent la route à l'islam.

*
* *

L'influence du protestantisme et de l'islamisme sur les Noirs est un problème qui déborde le Congo et l'Afrique elle-même et qu'il faut envisager dans toute son ampleur. Dans un article fortement documenté, un Jésuite belge, le R. P. Charles, en a montré les divers aspects[3].

Victimes de la traite, plus de cent millions de Noirs ont été transplantés dans le nouveau monde pour le service du Blanc. Ils ont laissé une descendance. La population de l'Amérique du Sud compte plus de dix millions de descendants des Noirs ; les Antilles et l'Amérique Centrale environ

---

1. Cités par G. Goyau, Mgr Augouard, p. 205.
2. BRUEL, *l. c.*, p. 280 et seq.
3. *Revue de l'Union Missionnaire du Clergé belge*, janvier 1926, p. 18 et seq.

sept millions ; les États-Unis plus de treize millions.

Ce dernier groupe, malgré toutes les vexations dont il a été l'objet, par suite de la haine de l'Anglo-Saxon pour l'homme de couleur, a conquis, depuis l'abolition de l'esclavage : une situation remarquable. Les Noirs possèdent environ huit millions d'hectares de terre ; leur fortune collective est évaluée à un milliard de dollars ; soixante banques sont dirigées par eux. Depuis soixante ans, la proportion des illettrés est tombée de 95 à 25 0/0. Ils ont 400 écoles normales et collèges, 50.000 professeurs et un budget d'éducation de 28 millions de dollars. Ils ont une vingtaine d'Universités ou d'établissements supérieurs. Ils éditent plus de 400 journaux ; ils publient des livres qui s'imposent à l'attention du monde savant. Ils forment donc un peuple cultivé et puissant.

Malheureusement cette masse échappe presque entièrement à l'Église. 300.000 seulement sont catholiques [1]. L'intelligence du monde noir est protestante.

Dans le Sud africain, situation analogue. Les Noirs se développent et tendent à prendre la première place. Les Blancs les repoussent et les parquent dans des situations subalternes.

Les Congrès Pan Nègres se multiplient et font appel à la violence. Le 1er août 1920, devant 20.000 nègres assemblés à New-York, le Président de la « General African Communitie League » et de la « Negro Improvement Association » déclarait : « La race Noire est résolue à ne pas souffrir davantage. Le temps est venu pour les 40 millions de Noirs d'Afrique, non pas de demander à l'Angle-

1. Cf. *Nos Missions noires en Géorgie* (E. U. A.) 1 brochure, Bureaux des Missions Africaines de Lyon.

terre, à la France, à la Belgique, à l'Italie : « Pourquoi êtes-vous ici ? » mais de leur donner l'ordre d'en sortir ».

Les solutions révolutionnaires ne préparent pas l'avenir. L'Église catholique préfère l'assurer par un travail en profondeur qui introduit dans les âmes le ferment divin et par ce ferment peu à peu renouvelle les mœurs. Fidèle à sa mission, dans l'avenir comme dans le passé, elle ne cessera de protéger ceux qu'on opprime et de revendiquer leurs justes libertés. Par les écoles, par les séminaires, les missionnaires forment chez les Noirs des hommes qui seront l'honneur de leur race et sauront lui conquérir sa place légitime dans la grande famille humaine.

CHAPITRE XI

Quelques coutumes indigènes du Moyen Congo

Les Bacongos gens d'esprit. — L'étude du « Lari ». — Les
fables indigènes. — Le « Kitemo ». — Les principaux
fétiches : Lemba, Nkouya, Kébé-Kébé. — Les chrétiens
et les superstitions païennes. — Les sociétés secrètes. —
Les funérailles.

« Le Noir du Congo est une espèce d'homme
quasi-préhistorique, un « Sauvage » et même un
sauvage que l'alcool a fait dégénérer. Il est à
l'avant-dernier degré, en tous cas, sur l'échelle
des races humaines. »

Ce jugement de M. Pierre Mille [1] s'applique
peut-être à quelques tribus des forêts congolaises ;
il demande révision pour celles du Moyen-Congo,
telles que nous les connaissons aujourd'hui.

Pour être moins évolués que leurs cousins de
l'Afrique Occidentale, les Noirs du Congo ont
cependant des qualités foncières susceptibles de
se développer graduellement.

Les résultats obtenus dans les écoles montrent
l'aptitude de beaucoup d'enfants pour l'étude.
Sans aucun doute, la tradition manque. Ils ne
savent pas réfléchir et leur esprit très mobile se
fixe avec difficulté sur une question abstraite.
Mais l'intelligence est vive et prompte.

Il suffit de vivre quelques jours en caravane
pour apprécier, chez les Noirs, le sens de l'observation. Aucun incident ne leur échappe et ils ne
laissent passer aucune situation comique sans la
relever avec une pointe de malice. Ils ont l'art

---

1. Pierre MILLE. Préface au livre du Dr TRAUTMANN, *Au Pays
de Batouala*, Paris 1922.

de donner des surnoms expressifs qui, de suite, peignent un personnage. Beaucoup sont gens d'esprit.

Un soir nous parcourions, aux environs de Linzolo, un petit village avec un jeune missionnaire récemment arrivé. Pour se perfectionner dans la langue, le Père aimait à engager conversation. Survient un ancien des jours, aux longues jambes décharnées, la poitrine creuse, les bras ballants, une figure allongée toute en rides, le menton en pointe terminé par quatre poils grisonnants, et une bouche énorme.

— « Mon ami Malonga, dit le Père, regardez-le bien avec sa dernière canine. N'a-t-il pas l'air d'un parfait imbécile ? Une tête dure, je vous assure, pour les réponses du catéchisme qu'il essaye d'apprendre ! » Et je vis, en effet, branlant dans le gouffre, une dent longue comme une défense de petit éléphant qui achevait de donner à Malonga un air assez sot.

Le Père avait envie de plaisanter : « Tiens, Malonga, montre un peu à Monseigneur ta belle dent ». Malonga ne goûta pas la plaisanterie et je l'entendis se retourner à demi en grognant quelque chose que je ne compris pas mais qui dérida le Père et tous ceux qui étaient près de lui. « Savez-vous ce qu'il a grogné le vieux malin ? Au lieu de te moquer de ma dent, tu ferais mieux de me donner quelque chose à mettre dessous ! »

La répartie avait été prompte et elle était bonne. Dès notre retour, Malonga reçut un beau régime de bananes dont il vint nous remercier le lendemain en riant de toute la longueur de sa dent.

*
* *

L'intelligence du Noir, vive et prompte pour les choses concrètes et les arts mécaniques, a moins d'aptitudes pour les idées abstraites. Les langues des tribus du Moyen Congo ont une moyenne de quatre à cinq mille mots qui expriment un cercle d'idées restreint et limité aux choses familières. Ces langues cependant révèlent le sens des lois de la syntaxe et le sens des nuances de la pensée. Malheureusement, elles se déforment plutôt au contact de l'européen. Dans son vocabulaire « Lari ». Le Père Jaffré remarque l'influence, désastreuse à ce point de vue, du parler « petit nègre ». Par une corrélation fatale, comme nous livrons une langue défigurée à nos protégés, ceux-ci, nous retournant notre formule, nous présentent la leur déformée. Ainsi, pour donner un exemple, au lieu de : « Il est allé le chercher », on jargonne : « Lui y en a allé pour chercher ça » ; et le Noir, pour se conformer au moule de notre pensée, calque sa traduction : « Yandi kele kouenda mou bonga iaou » ; il laisse la vraie forme qui existe adéquate à la française : courte, claire, facile comme elle : « ouélé (il est allé) ia (le) bonga (prendre) ».

« Cette tendance, fortement favorisée par le rassemblement des diverses tribus à Brazzaville, a créé un sabir monstrueux, complexe, confus, pauvre, tenant de tous les dialectes et n'ayant le génie d'aucun. L'indigène a d'ailleurs la souplesse de se prêter à toutes ces corruptions linguistiques. Comme nous avons le « *petit nègre* » pour parler français aux Noirs, ceux-ci, pour communiquer avec les Blancs, ont un patois analogue qu'ils appellent « le Kimboulou-mboulou », la langue du milicien, le milicien étant pour eux la personnification du genre [1]. »

----

1. *Méthode pratique de lari français*, par le R. P. JAFFRÉ, C. S. Sp. Missionnaire à Brazzaville, Paris 1924.

* *

La richesse et la souplesse de la langue se révèlent dans les palabres qui se déroulent devant le Commandant avec des flots d'éloquence, et mieux encore dans les réunions du soir, entre gens d'un même village assis autour du foyer de la case commune pour des conversations sans fin. D'ordinaire, deux ou trois seulement prennent la parole et se lancent dans des contes interminables où s'exprime la sagesse des anciens. Le récit, agrémenté plus ou moins suivant l'imagination du conteur, détermine dans l'auditoire toute la série des mouvements divers que l'*Officiel* souligne à la Chambre : gestes, rires, cris, manifestent l'étonnement, le doute, l'approbation de ceux qui écoutent et souvent interrompent.

On pourrait faire un recueil complet des fables indigènes des Bascongos. En voici une que les mères racontent à leurs enfants en roulant le manioc.

L'enfant trompeur

Un jour un petit enfant criait ainsi dans la brousse : « Ah ! ma mère, un léopard ! ma mère ! un léopard ! »

Les gens du village arrivèrent tous avec leurs fusils et lui, l'enfant, se mit à rire.

Le lendemain, on entendit les mêmes cris dans la brousse : « Ah ! ma mère, un léopard ! ma mère, un léopard ! Ah ! je suis mort !... Ah ! mon père ! Ah ! mon frère ! Ah ! ma mère ! ma mère ! »

Les gens du village se dirent : « Ne bougeons pas. C'est encore cet enfant qui veut nous effrayer pour rien ».

Et le léopard emporta l'enfant.

Celui qui trompe n'est plus cru. »

En voici une autre plus complexe contre ceux qui cherchent injustement palabre.

L'antilope, le léopard et l'hippopotame

Dame Antilope, se rendant au marché, rencontra, à l'entrée du sous-bois, Seigneur Léopard. Le sentier était étroit : il fallut faire route ensemble.

Très empressé, le Léopard offrit ses services, prit l'Antilope sous sa protection et déclara se charger de l'achat en commun des cabris que l'on partagerait ensuite.

Dame Antilope n'osa refuser et reçut, au soir du marché, la moitié des cabris. Mais, pour prix de son service, le Léopard exigeait la moitié des fruits du troupeau, et lui confia tous les mâles gardant pour lui toutes les femelles.

Evidemment au temps voulu, Dame Antilope n'avait point de petits cabris à donner et son puissant voisin de la menacer et de lui chercher palabre.

La pauvre Antilope alla confier son affaire au Seigneur Hippopotame le priant de « couper » son palabre avec le Léopard.

Flatté de son importance, Seigneur Hippopotame accepta, envoya une « moukante » au Léopard et le convoqua pour le prochain marché de Saha.

Un peu surpris, celui-ci obéit par crainte d'un seigneur plus puissant que lui. Il réunit ses amis et vint au marché avec une cour imposante. Dame Antilope tremblait et était regardée par tous avec dédain.

Mais voici qu'au lieu du vieil Hippopotame, un jeune arriva excusant son père qui l'envoyait régler le palabre à sa place.

Et les discours de commencer. Dame Antilope expose son cas et tous les partisans du Léopard de s'exclamer et de trouver fort mauvais qu'elle n'eut pas donné les petits cabris comme il avait été convenu dans le marché.

Seigneur Léopard parla en homme sûr de son affaire et même, sembla traiter avec une certaine désinvolture le jeune Hippopotame.

Celui-ci sourit dans ses défenses et ne se laissa pas intimider. Il rappela que, représentant son père, il avait toute autorité pour « couper » le palabre. « Si mon père n'a pu venir, dit-il, c'est du reste pour une raison grave : il vient d'accoucher d'un jeune fils... »

Et tous d'éclater de rire, se frappant des pattes sur le

ventre et criant que l'excuse était absurde et impossible.
« Mais alors, dit-il, pourquoi voulez-vous que l'Antilope qui
n'a reçu que des cabris mâles donne des petits au Léopard ? »
Et les rires de redoubler, cette fois, aux dépens de ce dernier
qui, honteux et confus, s'en retourna chercher fortune
ailleurs [1].

Cette fable traduit bien le sens de la justice
et de l'équité qui est au fond de l'âme noire. Elle
reflète l'organisation sociale, souligne l'autorité
du chef pour trancher les palabres et exprime
l'humour dont le Bacongo aime à égayer ses
récits.

*
* *

L'individualisme n'a pas encore exercé ses
ravages chez les Noirs. La collectivité impose ses
traditions et ses usages. L'individu ne compte
pas, à moins qu'il ne soit le chef, celui qui représente le village, ou le Père, celui qui représente
la famille. Peut-être même pourrait-on signaler
une certaine tendance au communisme. La propriété individuelle existe, sans doute, mais très
limitée aux objets personnels et à quelques cultures vivrières. La terre appartient au village
et le chef de terre réglera d'autorité les droits
de la famille.

Le droit de propriété varie du reste beaucoup
avec les tribus. On en rencontre une forme
curieuse, chez les Bacongos et les Bangalas, qui
rappelle nos coopératives.

Le « Kitemo » est une association volontaire dont
les membres mettent en commun leurs ressources
ou leur activité dans un but lucratif. On fonde
un « Kitemo » pour travailler en commun comme
pour acheter et revendre des marchandises.

Les Bangalas, par exemple, s'organiseront ainsi

---

1. Noté d'après récit du Père JAFFRÉ.

En remontant le Congo sur le Dolisie

Les rives du fleuve

La sieste sur le chaland

En remontant le Congo sur le *Dolisie*

Un poste à bois

Un arrêt à Dangou

pour l'achat d'une pirogue ou d'un filet. Les associés pêcheront ensemble et le produit de la pêche sera partagé entre tous. Mais une gratification spéciale sera donnée au président qui a la responsabilité des affaires.

Car ils ont un président, élu par eux, qui dirige les opérations du groupe et administre les fonds. Les membres versent leur cotisation soit en une seule fois, soit par fractions recouvrées périodiquement toutes les semaines ou toutes les lunes. Des sanctions sévères sont prévues contre celui qui ne tiendrait pas les engagements du « kitemo ».

Pour des « sauvages », reconnaissons que les Bacongos et les Bangalas ont un sens social assez développé.

*
* *

Au point de vue religieux, le fétichisme enveloppe de ses ombres les tribus du Moyen Congo.

Les Noirs concilient facilement ce culte grossier avec leur croyance en un Dieu créateur, « *Nzambi* », l'Être suprême. Les observateurs sont unanimes sur ce point. « Les fétiches, statues ou amulettes, écrit le Colonel Baratier, n'empêchent pas les Noirs de croire tous à un Dieu qui a créé le monde. Cette notion est plus ou moins nette dans leur esprit. Ils ne s'adressent pas à ce Dieu et ne lui reconnaissent pas le pouvoir de modifier les événements, car un être supérieur ne doit pas s'abaisser jusqu'aux contingences terrestres, mais ce Dieu existe. »

Si le Noir ne s'occupe pas des esprits bons, il se préoccupe fort d'apaiser les esprits nuisibles et de s'assurer leur bienveillance.

Le féticheur, est celui qui a pouvoir de capter l'esprit, de le faire passer dans une représentation sensible, un sachet que l'on porte sur soi ou une statue à laquelle on offre, en raison de l'esprit qu'elle incarne, des offrandes, des libations, des sacrifices.

Au village Mayembo, sur la route de Kindamba, le Père Jaffré fut saisi au passage par un catéchiste : « Père, viens vite ; « *Nganga-Lemba* » est malade, je l'ai instruit, il veut le baptême ». Le Père s'empressa. Dignitaire d'un fétiche puissant, le *Lemba*, le personnage exerçait, dans la région une influence. Il possédait le pouvoir redoutable de disposer du fétiche et d'en étendre l'action à tout individu qui avait recours à son intermédiaire. Souvent même, plus ou moins médecin, Nganga-Lemba distribuait le fétiche remède.

Je me réjouissais donc de la conversion du vieux païen ; et j'étais aussi fort joyeux, je l'avoue, à la pensée de voir un beau fétiche qui serait remis au Père et que j'espérais emporter comme souvenir curieux...

Tous se passa fort correctement. Le vieux montra une connaissance suffisante du catéchisme. Il répudia tout le paganisme du passé et manifesta hautement son désir de l'eau régénératrice qui lui ouvrit le paradis.

Et le *Lemba* ? demandai-je au Père. — Le *Lemba*, le voici ! me répondit le Père en riant et en m'offrant une affreuse boîte roulée dans un journal.

Je fis la grimace et plus encore le soir, en faisant l'inventaire du contenu : des amulettes obscènes, des morceaux de peau, des plumes d'oiseaux, des fragments d'os et autres débris informes et sales !

À cette boîte malpropre et odorante, je préfère, comme collectionneur, le « *Nkouya* », la statue sculptée dans du bois dur, à la face souvent expressive, coiffée d'une sorte de casque en forme de bonnet phrygien, au ventre bedonnant orné d'un pagne, au corps trapu, replié sur des jambes courtes. Ce fétiche, au moins, a un air cocasse et, parfois, un certain caractère artistique. Sa rotondité m'avait intrigué ; j'ai voulu, qu'on me pardonne l'expression, voir ce qu'il avait dans le ventre. Cette partie proéminente constituée par les couches successives d'une sorte d'enduit de poix, enferme, dans une cavité creusée dans le bois, des parcelles magiques empruntées sans doute à la collection du Lemba ! Le « Nkouya » est le fétiche familial le plus répandu dans le Bacongo.

*
* *

Un autre fétiche, assez différent, le « *Kébé-Kébé* » est en usage dans toute la région de l'Alima et de la Likouala Mossaka, chez les Mbochis, les Makouas et les Kouyous. Ce fétiche préside aux danses et aux cérémonies de la tribu.

Taillé dans une pièce de bois d'environ soixante centimètres, la figurine se termine par un manche pointu, assez long, qui permet de le tenir dans la danse et ensuite de le planter dans la case. Ceux qui le portent au cours de la danse, sont entièrement revêtus d'un ample pagne en fibres de rotin. Ils tiennent à bout de bras le fétiche, au-dessus de leurs têtes, et s'avancent en se dandinant puis en tournant sur eux-mêmes, aussi vite que possible. Le Kébé-Kébé donne l'impression d'une tête surmontant une large crinoline.

Les figurines vont par couples, hommes et femmes. Les types sont variés et les figures peintes. La peinture rappelle celle dont les indigènes s'habillent les jours de fête. Avec diverses substances colorantes, le bois rouge, le kaolin, l'ocre de certaines plantes, mélangées à l'huile de palme, ou à la graisse, les Noirs se peignent le corps tout entier et l'ornent de dessins géométriques, disposés au gré de l'artiste..

Dans la série des Kébé-Kébé qui m'a été remise, un premier couple vient de la tribu des Mbochis. L'homme, coiffé d'un bonnet surmonté d'un petit singe, a le visage peint en blanc sans tatouages, les yeux cernés de rouge et le milieu du front barré jusqu'au bout du nez par une large bande de noir de fumée. La femme, coiffée d'une mître élevée, le visage peint en ocre clair, les dents limées en scie, porte, au milieu du front, quatre tatouages verticaux soulignés en bleu, tandis que trois autres entourent les oreilles jusqu'aux cheveux.

Dans le couple Makoua, les cheveux de l'homme sont tressés en mître. Une couche d'ocre sur le front et sur la moitié des joues recouvre son visage peint en blanc. Quatre tatouages verticaux barrent le front et trois en oblique partent des yeux jusqu'aux pommettes des joues. La femme porte sur la tête une sorte de mître à triple étage. Sur son visage blanc, un léger tatouage bleu souligne le milieu du front et l'arc des yeux dont partent au-dessous trois bandes qui rejoignent les oreilles. Les dents, chez les Makouas, sont limées en oblique et rappellent les dents de léopard.

Les Kouyous ont les visages peints en ocre foncé, avec les dents saillantes et limées en scie. Les tatouages, en gros points carrés, couvrent tout le front, les tempes et descendent le long des oreilles. La femme est coiffée d'une mître. L'homme un chef, porte comme symbole de sa dignité, le casque colonial.

Ce sont les Kébé-Kébé, dans ces tribus, qui mènent la danse avec accompagnement de tam-

En remontant le Congo sur le *Dolisie*

« Mgemba » a Mobenzelé   La petite chapelle

Dans la région de Béïou

Costume d'autrefois, costume d'aujourd'hui

tam et de cris perçants poussés par les femmes. Au dire des indigènes, le Kébé-Kébé représente les mânes des ancêtres. C'est pourquoi celui qui le porte doit être entièrement dissimulé. Si, dans la danse, son ample pagne vient à se déchirer, ou à se détacher, aussitôt la danse cesse et tout le monde se cache la figure jusqu'à ce que la réparation nécessaire ait été effectuée dans un endroit dérobé à tous les regards.

* *
*

A côté du féticheur est le « Ndoki », le sorcier, dont le rôle n'est pas moins important puisqu'il découvre l'avenir, jette des maléfices et serait capable d'en remontrer aux magiciens du moyen âge.

L'habitude de recourir au féticheur ou au sorcier est difficile à déraciner. Un fait curieux m'a montré comment les chrétiens transposeraient volontiers, dans leur religion, la superstition païenne.

Un matin, sur le *Dolisié*, dans une des multiples escales qui agrémentent le voyage, un noir m'arrive brandissant son chapelet et son crucifix. Son flot de paroles, que je ne comprenais pas, me laissait impassible et j'étais disposé à faire un geste de bénédiction sur les objets qu'il me présentait. Heureusement Mgemba, mon boy interprète, n'était pas loin. Une conversation animée s'engagea entre eux et je vis les yeux de ce dernier manifester une vive indignation.

Le Noir était accusé d'avoir volé je ne sais trop quoi et il voulait prouver son innocence au capitaine en avalant « de l'eau de chapelet », un verre d'eau où il aurait fait tremper son chapelet et son crucifix ! C'était pour lui l'épreuve du poison traduite à sa manière.

Je compris les gestes indignés de Mgemba. « Ça ne se fait pas, disait-il courroucé. Tu devrais avoir honte ! »

A-t-il eu honte, a-t-il eu peur que je ne souligne ces mots d'un geste plus énergique ?

Mon homme fila rapidement sans attendre que je cherche à éclairer sa religion.

*
* *

Dans l'évolution qui se fait vers le christianisme, certaines réactions païennes marquent le progrès de la vraie religion. C'est ainsi que dans les sociétés secrètes, malheureusement si répandues et si fortement organisées, on a pu noter dans les recommandations adressées aux affiliés une mention spéciale de défiance contre le missionnaire : « Mani est grand, n'en parler jamais qu'avec respect ! Ne parler jamais de tout ce qui concerne Mani aux « Ngbourous » (c'est-à-dire aux non affiliés) pas même au Père, pas même en confession. Mani est bon, il n'y a donc pas lieu de vous en accuser en confession. Si vous dévoilez les secrets de Mani, soit au Père, soit aux « Ngbourous », vous serez atteints d'une maladie inguérissable. Mais si vous respectez Mani, si vous ne mangez pas de mets prohibés, ni antilope, ni crabe, ni buffle, si vous observez fidèlement les prescriptions de Mani, vous vivrez cent ans... »

Or, la secte de Mani comporte les pires immoralités et lie ses affiliés pour obtenir, par le poison au besoin, plein triomphe sur tous leurs ennemis. Cette franc-maçonnerie païenne redoute le missionnaire catholique.

*
* *

Les rites des funérailles tiennent une grande place dans la vie religieuse des peuples du Moyen

Congo et manifestent leur croyance à la survie de l'âme désincarnée. Plus ou moins compliquées, suivant la situation sociale du défunt, toutes ces cérémonies ont pour but d'apaiser l'esprit et de se concilier ses bonnes grâces en l'honorant comme il convient ; puis, pour les personnes de son entourage, particulièrement son conjoint, de les purifier des souillures contractées près du cadavre et d'écarter d'elles tout soupçon de participation dans la mort.

Dans un village, non loin de Mbamou, un chef de terre venait de mourir. Les lamentations des pleureuses s'élevaient déchirantes et, dans la case, la femme du défunt était étendue sur le sol, les cheveux défaits en signe de deuil... Au dehors, les hommes fumaient tranquillement leur pipe. Leur rôle n'est pas de pleurer. Le corps du chef fut entouré de toutes les étoffes, de toutes les nattes, de tous les pagnes qu'il possédait au point de former une sorte de ballot d'étoffe cylindrique de près d'un mètre de diamètre sur deux mètres de longueur. On devait, le lendemain, le descendre dans sa tombe et ce jour-là, après une minute de silence, ce devait être la fête joyeuse, accompagnée de festins, de libations et de danses en l'honneur du défunt. A la saison des pluies, le cadavre aurait été fumé dans sa case pour le conserver jusqu'à la saison sèche.

Tous considèrent comme sacrées les volontés du mort et, d'ordinaire, les respectent scrupuleusement. Sur les tombes, on place toute une partie de la fortune du défunt : une cuvette, un pot de faïence, un vieux chapeau et ces objets, qui là-bas ne sont pas sans valeur, ne seraient jamais pris par des gens du pays. Dans le petit cimetière de la Mission de Mbamou, les chrétiens conservent encore cet usage.

Chez les païens, la mort donne souvent occasion de chercher « palabre » au conjoint survivant, surtout si la discorde régnait dans le ménage. Les parents du défunt prennent sa défense, exigent des amendes et veillent aux rites de la purification. Ces rites se traduisent, en pratique, par une somme d'argent à payer qui, s'ajoutant aux frais des funérailles pour faire boire et manger les amis du défunt, épuise rapidement les économies de la veuve.

Pour se purifier, celle-ci devra se faire couper les ongles des pieds et des mains, faire raser ses cheveux, se couvrir de boue et se laver ensuite solennellement. Souvent aussi elle devra payer pour avoir le droit de se nourrir de certains aliments frappés d'interdit durant les jours de deuil.

Malheur à celle qui refuserait de suivre la coutume ! La famille du défunt la poursuivrait de sa vengeance. Aussi des femmes chrétiennes sont-elles obligées souvent, encore aujourd'hui, de se soumettre à ces usages païens par crainte des représailles des amis de leur mari.

Cependant, de plus en plus, les chrétiens arrivent à se dégager de ces superstitions du passé. Les prières, près de la couche funèbre, qui se mêlent d'abord aux lamentations, tendent de plus en plus à les remplacer. Les funérailles liturgiques, avec leurs chants plaintifs et graves, avec la messe pour le défunt et la communion des parents et des amis, expriment, mieux que le tam-tam et la danse, la douleur vraie qui garde l'espoir des revoirs éternels.

CHAPITRE XII

La Route du Fleuve : A bord du Dolisie

Mgr Augouard et la navigation fluviale. — Le Pie X. — Les bateaux des Messageries : le *Dolisie*. — L'arche de Noé. — Un malencontreux accident. — La corvée de bois. — La cuisine en plein air. — Repas et repos. — Le travail des femmes : la préparation du manioc. — L'art de la coiffure. — La messe matinale.

Le Moyen-Congo jouit d'un magnifique réseau fluvial qui, en attendant les routes et les chemins de fer, a permis à la Colonie de vivre et aux missionnaires de porter, jusqu'au centre du plateau africain, l'effort de leur apostolat. Plus de 4.000 kilomètres sont accessibles à des bateaux de gros tonnage de 100 à 120 tonnes et plus de 5.000 à des embarcations de moindre importance.

Lorsque Mgr Augouard avait péniblement parcouru, avec ses porteurs, la route des Caravanes, de la côte au Stanley Pool, il éprouvait un vif sentiment de joie en voyant s'ouvrir devant lui, large et facile, la route du fleuve. Aussi ne cessera-t-il, au cours de sa longue carrière, de s'en assurer la maîtrise et de perfectionner ses moyens de navigation. Dès 1886, il fera transporter, sectionnée en plaques de 30 kilos chacune, une baleinière d'acier qui facilitera ses explorations. A la voile primitive, il substituera bientôt un moteur. En 1898, le *Léon-XIII* est un « steamer » assez important pour que l'Évêque puisse le mettre à la disposition du Gouvernement, et conduire, au capitaine Marchand, les renforts demandés pour la triste et glorieuse expédition de Fachoda.

L'Évêque connaissait admirablement la route

du fleuve. Il en avait étudié tous les détours. Il consigna son expérience dans deux atlas, l'un sur le Congo, l'autre sur le Haut-Oubanghi, atlas qui sont, encore aujourd'hui, des guides utiles et pratiques pour la navigation fluviale.

Après le *Léon-XIII* rapidement hors d'usage, Mgr Augouard rêva d'un beau bateau qui ferait la liaison entre les divers postes, entre Brazzaville et la Mission de Saint-Paul des Rapides de Bangui, séparés par plus de 1.500 kilomètres. Il acheta, en 1907, le *Pie-X*, un bateau épiscopal aménagé avec une chapelle qui en marque le caractère et en fait une église ambulante.

L'atelier mécanique de la Mission entretient soigneusement les machines. Dirigé par un Frère coadjuteur, cet atelier exécute les travaux les plus délicats et permet de former des apprentis choisis parmi les élèves de l'école. Mais le *Pie-X* entraîne des frais de déplacement assez considérables. Un voyage nécessite huit hommes d'équipage et souvent le capitaine, qui est un Père, prend lui-même la barre. Le bateau consomme 50 stères de bois par jour, mais il peut transporter 40 à 60 tonnes de frêt, ce qui diminue le prix de revient des voyages.

Avant la multiplication des services organisés par les grandes Compagnies, le *Pie-X* facilita l'apostolat par la visite régulière des Missions du Fleuve. Ce n'est pas sans émotion que j'ai pris place dans la cabine de Mgr Augouard. Je revoyais en pensée la grande figure du vaillant Évêque. Le confortable de cette cabine où j'ai dormi aussi bien que dans celle d'un grand paquebot, n'était-il pas significatif de l'œuvre accomplie ! Quel contraste entre le *Pie-X* et le *Diata-Diata*, la petite pirogue des débuts ! Quelle différence entre ces chrétiens disciplinés et instruits qui obéissaient, comme de vieux marins, aux moindres ordres du Père Guitton et les premiers rameurs, parfois anthropophages, que le Père Augouard devait recruter au hasard pour conduire, à force de bras, sa pirogue !

Mon passage sur le *Pie-X* fut une simple excursion délicatement organisée à l'occasion de mon départ. Pour me rendre à Bangui, il était plus simple et plus économique de monter à bord d'un des bateaux des Messageries fluviales qui font le service régulier entre Brazzaville et Bangui.

* *
* *

Les bateaux des Messageries fluviales — il faut le reconnaître sans médire des Directeurs de la Compagnie, toujours si bienveillants pour les missionnaires, — ne sont pas en aussi bon état que le *Pie-X*. Notre voyage s'effectua sur le *Dolisie*, un vieux bateau à roues, d'une trentaine de mètres de long sur dix de large, qui porte le nom d'un des pionniers de la colonie. Flanqué de chaque côté de lourds chalands de fer qui en augmentent la capacité commerciale, il forme une masse imposante. Le chaland de droite contient la provision de bois que l'on renouvellera de poste en poste. Le chaland de gauche, à moitié recouvert d'un toit de zinc, sert pour les marchandises et les passagers indigènes qui s'entassent à leur gré sur ces chalands ou sur le pont inférieur. Sur le pont supérieur, réservé aux Européens, huit cabines et couchettes ont été aménagées dont le mobilier attend les réparations nécessaires. L'arrière-pont sert de salle à manger, de salle de lecture, de salon, de salle de jeux où les amateurs de bridge s'installeront matin et soir, entre les repas, avec une ponctualité remarquable. A l'extrémité se trouvent office, salle de douches et le reste... tout cela agencé de la manière la plus primitive. A l'aller et au retour, je voyagerai avec des coloniaux dont j'aimerai mettre à profit l'expérience du pays. Que mes compagnons me pardonnent si ce bateau évoque un peu à mon esprit l'arche de Noé ! Les nations les plus diverses y sont représentées avec la gamme complète des couleurs, depuis le noir ébène jusqu'au blanc mat en passant par le café au lait. Ajoutez aux humains, les animaux qui les accompagnent dans les pirogues ou baleinières attachées au bateau. Un gros cochon noir se vautre sur sa litière et joue avec une petite chèvre qui l'a pris en amitié. De temps à autre, les grognements significatifs de l'animal soyeux s'élèvent de plus en plus perçants jusqu'à ce que le gardien vienne rétablir la paix entre les chèvres, les poules, le cochon et les lapins.

*
* *

Les machines du *Dolisie* sont-elles en meilleur état que le mobilier ? De fait un accident assez désagréable nous arriva. Partis le 28 décembre, nous avions à peine franchi le « couloir » que, dans la nuit du 29, le bateau était obligé de regagner Brazzaville. Un chauffeur avait négligé, dit-on, d'alimenter d'eau la chaudière et les tuyaux étaient crevés. Le Général commandant l'Afrique Équatoriale qui partait en inspection au Tchad avec quelques officiers, les administrateurs qui rejoignaient leurs postes, les commerçants qui regagnaient Bangui, furent comme moi très contrariés de ce retard. La déception générale s'exprima en termes vigoureux qui faisaient écho à la fureur du capitaine.

Quand on se retrouva huit jours après, le samedi 3 janvier, d'amères réflexions s'échangèrent.

A Mongoumba : La première automobile débarquée par le *Doliste* (janvier 1925)

Une île du Congo

Un sous-bois dans la région de Fort-Sibut

Je n'avais pas encore l'âme congolaise et je ne pouvais comprendre pourquoi il avait été impossible de nous fixer, dès le début, sur la durée de la réparation. De jour en jour, nous attendions le départ sans oser bouger pendant un temps qui pour tous était précieux !

Les anciens s'étonnaient moins. Comme eux, je gardai le sourire et je pris de nouveau possession de ma cabine.

*
* *

Le pont supérieur où nous logeons offre un poste d'observation qui permet d'examiner facilement et à loisir les us et coutumes des indigènes.

La plupart des Noirs, ne paient guère leur passage qu'en faisant la corvée de bois ou le service du bord. Une fois par jour en moyenne, dans les postes échelonnés le long du fleuve, le bateau accoste pour se ravitailler. Sans attendre la planche d'abordage, les Noirs se jettent à l'eau et, sous la direction du « capita » exécutent le travail. Ils chargent les bûches sur leurs épaules avec des gambades et des cris. Le « capita », la baguette à la main, excite son monde de la voix et du geste, et ajoute, par son agitation, au désordre et au bruit. Pendant une heure ou deux, sur les planches humides, vont et viennent des gens affairés qui portent en s'amusant leur charge et la font tomber lourdement sur le chaland.

Le travail tient peu de place dans la vie du Noir. Manger a plus d'importance. La cuisine indigène, installée à l'extrémité du chaland de gauche, se compose d'un foyer permanent allumé jour et nuit. Le bois brûle à l'air libre dans une sorte de réchaud en fer et la fumée vient, au gré du vent, irriter les yeux et la gorge des passagers européens.

Naturellement, ceux-ci protestent avec véhémence. Quand ils sont exaspérés, quelques cuvettes d'eau inondent le foyer, les marmites et les propriétaires qui se sauvent, moitié riant, moitié maugréant. Ces protestations sont à la fois légitimes et injustes. L'Européen a le droit de trouver inadmissible qu'on le soumette au régime des jambons suspendus dans la cheminée. Mais les Noirs peuvent se plaindre de n'avoir pas d'autre coin pour faire leur maigre popote. La solution ne serait peut-être pas difficile à trouver si l'on voulait y songer.

Le spectacle de la cuisine de ces pauvres diables est assez curieux. D'aucuns s'entendent pour cuire, dans une même marmite, des haricots, un peu de poisson fumé, quelques morceaux de viande, le tout accommodé d'huile de palme. D'autres se contentent de faire griller sur les charbons ardents un peu de maïs, quelques bananes ou leur pain de manioc. Je n'oublierai pas le spectacle d'une énorme tortue cuite à l'étouffé dans sa propre carapace. La pauvre bête sortait une tête suppliante et étirait lamentablement ses pattes jusqu'à ce que la chaleur l'eût complètement asphyxiée.

Les couverts sont simples. Les assiettes vont de la feuille de banane légèrement chauffée pour l'assouplir, à la gamelle du tirailleur, en passant par toute la variété des boîtes de conserve. Le noir n'est pas sale. Il ne se servira de sa boîte de conserve qu'après l'avoir fortement frottée avec de la cendre puis abondamment lavée avec de l'eau du Congo. Le courant impétueux emporte tout. Le Général m'affirme qu'il boirait volontiers de cette eau où le noir se baigne, se lave les pieds et les mains, blanchit son linge et nettoie sa vaisselle. Après tout, pourquoi pas ? C'est peut-être un préjugé de préférer l'eau filtrée. Le Docteur du bord n'ose se prononcer.

On aurait tort de reprocher aux noirs de manger, avec leurs doigts, leur manioc et leur poisson fumé. Ils comprennent l'utilité de la cuiller et ils en usent. Mais la fourchette leur semble totalement superflue. Comme Louis XIV, ils préfèrent se servir de leurs doigts qui ne craignent ni la viande très chaude ni même les charbons enflammés.

Quand le noir a mangé il s'étend au soleil, au grand soleil équatorial, sur la tôle brûlante du chaland, le crâne nu, fume béatement ou dort, aussi à l'aise qu'un blanc sous de frais ombrages. Un beau gaillard bronzé, cuivré plutôt que noir, aux muscles vigoureux, exhibe sur son corps des tatouages en relief dont les signes mystérieux marquent son front, ses joues, sa poitrine et désignent sa famille et sa tribu.

Parfois il se soulève pour rendre service à un ami qui s'accroupit entre ses jambes et ses doigts chassent nonchalamment sur la tête de l'ami, à travers les touffes crépues, le gibier qui s'y dissimule.

*
* *

Les femmes, plus travailleuses que les hommes, profitent de la traversée pour préparer le manioc qu'elles vendront à leurs compagnons de voyage ou au prochain marché. La farine de manioc demande une longue préparation. Le manioc amer, le plus répandu, serait vénéneux si l'on n'avait soin de faire rouir assez longtemps les racines, d'enlever l'écorce et les fibres et de le laver dans plusieurs eaux. La dernière opération est la fabrication de la pâte. Le torse nu, les ouvrières se lavent soigneusement les bras et frottent vigou-

reusement les ustensiles de bois dont elles vont
se servir. Accroupies deux à deux, pour bavarder
tout en travaillant, elles se mettent à pétrir
la farine. La pâte devient peu à peu consistante
et forme un petit pain carré rapidement enveloppé
avec une feuille de bananier et parfois ficelé d'une
liane. C'est la « chicouange » qui est la base de
l'alimentation de tout le Moyen-Congo. A mesure
que nous approcherons de Bangui, la pâte sera
roulée et ficelée dans les feuilles comme un long
saucisson. La propreté méticuleuse des ouvrières
rend plus appétissante encore la pâte bleutée et
transparente que la lumière opalise.

Quand la femme se repose, elle s'occupe naturellement de sa toilette. La coiffure en est une des
parties la plus importante, la plus compliquée
et la plus variée. Chaque crâne porte un écha-
faudage qui représente plusieurs jours de travail.
L'un est un monument gothique aux arceaux
légers soutenus par de petites colonnettes de bois.
L'autre évoque un jardin à la Le Nôtre aux
allées bien droites, aux carrés géométriquement
marqués. Celui-ci suggère l'idée d'un jardin
anglais aux arabesques multiples. Celui-là est
complétement rasé sur le sommet et j'ai vu exécuter l'opération avec un tesson de verre. Une
simple touffe est restée sur le front et sur la nuque
et, tout autour, de fines nattes, minces comme des
queues de rats, retombent et s'agitent gracieuse-
ment à chaque signe de l'élégante. On devine le
temps nécessaire pour obtenir un pareil résultat.
Aussi a-t-on soin de fixer le plus possible l'or-
donnance de la chevelure par de l'huile de palme
ou du beurre de karité. Pour éviter que le sommeil
ne jette le désordre dans la parure, la femme
dormira sur un billot de bois qui lui tiendra le
cou surélevé et immobile. La mode, même en

Afrique, a de farouches exigences et impose partout de durs sacrifices !

*
* *

Ainsi, malgré la lenteur du bateau qui remonte péniblement le fleuve et le descendra non moins lentement pour éviter, à la saison des basses eaux, les sables dangereux, les journées passent assez vite. Les nuits paraissent plus longues. Les moustiques ont découvert les trous de la moustiquaire et vous infligent le supplice de leurs piqûres avides. Jamais je n'ai aussi bien compris le lion de La Fontaine exaspéré par les insectes. Ces petites bêtes ne vous laissent pas de répit ; elles se succèdent aux diverses heures, les tsé-tsé le jour, les moustiques la nuit et, le soir, lorsque vous allumez pour dîner, les éphémères s'abattent par milliers sur la table, ajoutant à votre potage un condiment peu désiré.

Cependant, j'aurais tort de me plaindre. J'ai le maximum de confort possible en Afrique Équatoriale. Les boys de la Mission m'entourent d'attentions et de prévenances. Ils ont su très vite trouver, pour eux-mêmes, une place privilégiée parmi les passagers noirs. Ils sont devenus les amis de l'intendant et, le soir, ils ont la faveur de monter sur le pont supérieur et de coucher sous les tables avec le personnel du bord. Leur lit est simple ; une natte sur le plancher et une couverture dans laquelle ils se roulent des pieds à la tête et la tête comprise. Impossible de reconnaître le dormeur, et cela me met dans un grand embarras pour réveiller, à la première heure, mes servants de messe. J'essaie un peu au hasard. Après avoir roulé deux ou trois fois le paquet, une tête sort. Tant mieux si c'est mon homme. Il se lève, réveille son compagnon, court se rincer les yeux et la bouche et prépare ma boîte-chapelle sur la table. La lumière des cierges attire, de temps à autre, quelques catholiques qui se glissent dans l'ombre et s'agenouillent pieusement, le chapelet à la main. Je célèbre la messe tandis qu'indifférents, européens, païens, et musulmans, dorment non loin de moi et que, prémices de la foi parmi ces peuples, de jeunes chrétiens prient avec ferveur et s'unissent dans la communion au Christ Sauveur.

La messe finie, les balais s'agitent pour mettre en ordre la salle commune et, un à un, les passagers paraissent en pyjamas pour recommencer de porter une fois de plus le poids du jour et de la chaleur.

CHAPITRE XIII

La Route du Fleuve : De Brazzaville à Bangui

A travers le « Couloir ». — La région de l'Alima : les Palmeraies et le tabac. — Les indigènes et le régime des grandes
Compagnies. — Le bassin de la Sangha : Le caoutchouc
et la forêt équatoriale. — Saint-Louis de Liranga : L'apostolat sur les marigots. — La culture du café. — Mobenzelé :
Les caïmans. — Dangou. — La chapelle de Bétou. — La
Mission de Lobaye.

Le *Dolisie* remonte lentement le Pool où le
fleuve s'étale et se recueille avant de se précipiter
en une course folle vers la mer. Malgré la baisse
des eaux, le courant est violent et les machines
du vieux bateau sont essoufflées. Autrefois les
hippopotames abondaient en ces parages que
Mgr Augouard considérait comme le garde-manger
de la Mission. Les vapeurs les ont éloignés et
l'île de Mbamou abrite aujourd'hui de nombreux
troupeaux pour le ravitaillement de la colonie
européenne.

Au sortir du Pool, se dressent, abrupts, des
rochers qui rappellent les falaises de Douvres
et que l'on désigne, pour cette raison, sous le
nom de « Dover cliffs ». Les rives se rapprochent
pour former le « couloir » aux eaux profondes,
puis s'élargissent magnifiquement à l'embouchure
du Kassai atteignant jusqu'à 45 kilomètres de
large. Ce puissant affluent déverse plus de 12.000
mètres cubes à la seconde. Depuis la convention
de Berlin la ville de Kwamouth, sur la rive droite,
appartient au Congo Belge ainsi que la rive droite
de l'Oubangui. La ligne télégraphique française
va de Kwamouth à Liranga. Un télégramme
mis à Brazzaville pour Liranga ou Bangui doit

donc passer par le Congo Belge et, avec ces détours, il arrive, j'en ai fait l'expérience, que le télégramme parvient à destination un peu après l'expéditeur. Les pylones de la T. S. F. laissent espérer, dans l'avenir, un peu plus de rapidité dans les communications.

Une des premières escales de la rive française est Nkounda à l'entrée de l'Alima. Cet affluent découvert en 1878 par de Brazza, lorsqu'il s'efforçait d'atteindre le Congo en remontant l'Ogoué, offre à la navigation ses eaux claires et limpides, d'un régime à peu près constant, sur un parcours de près de 350 kilomètres. Les vapeurs de 20 tonnes remontent facilement jusqu'à Lékéti. Mgr Augouard y avait fondé, dès 1899, un poste important, Notre-Dame de Lékéti ; d'autres fondations eurent lieu sur l'Alima : Saint-François-Xavier à Bounji et Sainte-Radegonde à Sambikio. Cette dernière station a dû être abandonnée. Les deux premières comptaient, en 1925, plus de 3.000 chrétiens et autant de catéchumènes. 856 enfants fréquentaient les écoles ; 2.667 suivaient les catéchismes.

Dans cette région, les palmiers abondent et s'épanouissent, dans la forêt équatoriale, le long des rives du Congo, et de ses affluents, jusqu'à Bangui. Un arbre en plein rapport, de 10 à 30 ans d'âge, produit chaque année 8 à 10 régimes de 12 kilos soit environ 100 kilos par an. De la pulpe, on peut extraire 13 kilos d'huile et 13 kilos d'amandes. Au cours de 1910, bien dépassé aujourd'hui, un palmier rapportait par an 9 fr. d'huile et 6 fr. 50 d'amandes. Les palmeraies de l'Afrique Équatoriale ont produit, en 1921, 2.254.486 fr. pour l'exportation, en plus de la consommation des indigènes qui en font un grand usage.

Le tabac s'ajoute aux palmistes dans le commerce de l'Alima. Importée probablement par les Portugais, cette plante se retrouve un peu partout au Congo, autour des villages. Mais, ici, les Batékés la cultivent en grand comme un produit d'échange. L'administration les encourage pour diminuer l'importation du tabac américain qui s'élevait, en 1913, à 1.600.000 fr. dans nos colonies africaines. Les rouleaux de tabac s'entassent dans les factoreries où l'on peut s'approvisionner à bon compte. Un peu rude, ce tabac indigène est déclaré excellent par mon compagnon de route, le Père Hemme, qui en bourre sa pipe avec satisfaction.

Mpouya se présente sous un aspect très favorable. Le village a fait toilette. Les allées nettoyées avec soin, les palmeraies admirablement tenues, donnent une impression d'ordre méthodique. « Admirez, me dit en souriant un vieux colonial, mais n'oubliez pas que le Gouverneur général doit passer dans quelques jours. »

* *
* *

Dès sa nomination, M. Antonetti avait résolu de parcourir l'immense domaine confié à son administration. Nous croiserons, au retour de Bangui, le *Largeau* portant pavillon du Gouverneur général. Je constaterai, de poste en poste, les heureux effets de son passage et l'utilité d'une inspection.

Malgré ce contact personnel, la vérité ne parvient souvent aux chefs que fortement atténuée. Il y a quelques années, un certain Gouverneur recevait les chefs indigènes que l'Administrateur avait dûment stylés à se déclarer pleinement satisfaits du régime des Grandes Compagnies. Mais voici que l'un d'eux tient un autre langage et commence des doléances qu'il ponctue d'énergiques protestations. En l'absence de l'interprète officiel, habitué à tamiser, l'intérimaire n'hésita pas à traduire littéralement ces plaintes.

Fureur de l'Administrateur. Surprise du Gouverneur, qui croyait au bonheur parfait de ses loyaux sujets et était détrompé. On ajoute que l'Administrateur mécontent infligea, pour ses plaintes, six mois de prison au chef qui accepta très philosophiquement. « Si je n'avais pas parlé ainsi, j'aurais été empoisonné le lendemain, disait-il. J'aime mieux être en prison[1]. »

Toute la région de la Likouala Mossaka et de la Sangha est soumise au régime des Grandes Compagnies, dont le Gouvernement, vers 1900, avait cru habile d'encourager la fondation. Quarante-deux Compagnies concessionnaires se partagèrent ainsi théoriquement les dix-neuf vingtièmes du territoire. « On a beaucoup discuté, écrit un auteur dont on ne contestera pas la modération, le Baron de Witte, on a beaucoup discuté sur le droit des concessionnaires et on a qualifié de « vol » ce que les indigènes iraient vendre en dehors de la concession. Soyons francs et disons plutôt que c'est l'indigène qui a été volé de ses terres, car elles ont été données à des Sociétés commerciales sans qu'on l'ait consulté... L'Européen a souvent déguisé la raison du plus fort sous les dehors des bienfaits de la civilisation[2]. »

---

1. M. André Gide, dans son récent volume *Voyage au Congo* (Paris, 1927), proteste nettement contre les abus des « Grandes Compagnies » et de quelques administrateurs. Nous ne partageons pas toutes les idées de M. Gide, mais il faut le féliciter de prendre ainsi la défense de l'indigène.

2. Baron DE WITTE, *Les deux Congo*, 1 vol., Paris 1913, Plon, éditeur, cf., p. 155.

Le haut domaine de l'État lui donne certainement le droit de faire mettre en valeur les terres inoccupées. Les capitaux apportés par les Grandes Compagnies auraient pu contribuer à la prospérité de tous, mais les droits des indigènes avaient été oubliés. Leur mécontentement ne se dissimule point. Les noix palmistes se vendaient, en 1925, environ 1.400 fr. la tonne à Kinchassa. On les payait aux indigènes environ 120 fr. ! Puisque tout appartenait à la Compagnie, les paiements, disáit-on, n'avaient pas à rémunérer les produits récoltés mais seulement la main-d'œuvre employée !

On a compris qu'il serait injuste de spolier ainsi complètement l'indigène et de ne pas lui laisser certaines réserves. Le nombre des Compagnies fut réduit à douze en 1921 et une politique nouvelle prend souci de sauvegarder les droits légitimes des noirs.

*
* *

Près de Loukoléla, la Sangha se jette dans le Congo par un delta de 35 kilomètres, parsemé d'îles nombreuses. Son principal affluent, la Likouala aux Herbes, la rejoint à 40 kilomètres en amont de Bonga et mesure 300 mètres à son embouchure.

Ce magnifique bassin de la Sangha avait été cédé aux Allemands par l'accord du 4 novembre 1911 qui clôtura le coup de théâtre d'Agadir. Cette cession coupait en trois tronçons, reliés seulement par deux fleuves, notre Afrique Équatoriale. Le Traité de Versailles a rétabli la situation primitive.

Depuis longtemps, les indigènes exploitaient le caoutchouc qui pousse en abondance dans la forêt. Pendant quelques années la surproduction des plantations mondiales a diminué la valeur de cette richesse naturelle. Mais le prix de la matière première augmente et l'industrie du caoutchouc ne cesse de se développer. Les Société concessionnaires, comme la Forestière Sangha Oubangui ont appris à l'indigène l'art d'améliorer les produits. Le caoutchouc est extrait d'un arbre *(Funtumia elastica)* que l'on saigne pour récolter le latex et de lianes que l'on coupe ou dont on traite les rhizômes. Une simple liane de caoutchouc adulte rapporte chaque année de 0 fr. 50 à 5 fr. Mais il faut assurer la pureté de la matière en ne mélangeant pas les latex et en suivant les meilleurs procédés de coagulation. L'exportation du caoutchouc s'est élevée, en 1921, à 9.779.195 fr.

L'immense forêt, où se cachent ces richesses, domine les rives du fleuve de l'écrasante monotonie de sa verdure qui ne connaît ni automne ni hiver. Ces arbres géants, d'une infinie variété, dressent leurs puissantes ramures que relie, aux arbustes ou aux arbres plus jeunes, une végétation luxuriante de lianes qui s'entremêlent. Tout semble immobile et silencieux et, cependant, des myriades d'insectes vivent au pied des arbres et peuvent les faire mourir ; une multitude de reptiles se cachent dans les fourrés, des milliers de singes et d'oiseaux habitent les sommets. Rien ne bouge au passage du bateau. De temps à autre, un singe, pour nous saluer, gambade dans les branches. Deux oiseaux ravissants s'égarent sur le pont : leur plumage d'un bleu profond, que coupe une tache blanche, scintille aux rayons du soleil.

De l'Alima jusqu'à Bangui, la forêt se prolonge et va rejoindre la forêt gabonnaise, couvrant avec elle plus de quatre cent mille kilomètres carrés. Mais le long du fleuve, c'est surtout la forêt inondée où l'on patauge dans la vase, le

« Poto Poto » pour employer le mot si expressif du pays.

*
* *

Au centre de cette région, Saint-Louis de Liranga a été fondé, dès 1889, au confluent du Congo et de l'Oubangui, affluent dont la longueur, 2.270 kilomètres, égale celle du Danube, et dont la largeur, atteint 3 kilomètres. Le district religieux, confié au Père Pedux, s'étend du 2e de latitude nord au 2e de latitude sud, d'Imfondo sur l'Oubangui à Kunda sur le Congo. Sa superficie correspond à celle de 25 départements français. Il compte environ 75.000 habitants dont un millier de chrétiens et 2.163 catéchumènes répartis, les uns et les autres, en 27 villages où résident des catéchistes. Pendant quatre, cinq et six mois de l'année, l'eau envahit les deux tiers des terres qu'elle inonde. Pour visiter ses paroissiens, le missionnaire doit partir en pirogue à travers les marigots, sur les fleuves ou sur les canaux qui les relient. Il partira seul avec les enfants de la Mission comme rameurs. Il vivra de sa pêche ; il dormira dans sa pirogue, exposé la nuit aux piqûres des moustiques, si nombreux, que la moustiquaire n'en saurait préserver. A ce régime, aucune santé ne résiste et les rhumatismes sont le moindre mal. Le Père Pedux les supporte vaillamment et avec une bonne humeur qui ne se dément jamais. Il prétend que tout irait parfaitement s'il n'avait eu la malencontreuse idée d'attraper une entorse qui le gêne. Mais rien ne l'empêche de circuler et d'aimer passionnément ses chrétiens, des Bangalas, qui le lui rendent et l'entourent, à leur manière, avec une délicatesse touchante.

Ces pauvres gens vivent de pêche, de chasse,

de cueillette, dans de déplorables conditions d'hygiène. A Mossaká, lors de notre passage, les cases portaient trace, jusqu'à 35 centimètres de hauteur, des ravages de l'inondation. Toutes les habitations devraient être surélevées et construites sur pilotis. La culture devient impossible. Les indigènes ramassent, comme une richesse, la moindre terre arable. Ils élèvent de petits monticules qu'ils entourent d'un fossé et essayent une plantation de manioc. D'ordinaire, ils ne jouissent que des feuilles : avant les 18 mois nécessaires pour la récolte, l'inondation a tout emporté.

Un peu à l'écart sur un plateau, la Mission possède un jardin dont nous apprécions les ananas, les bananes et les légumes. Une belle plantation de 1.300 caféiers est en plein rapport. L'arbrisseau existait dans la région à l'état sauvage, venu, peut-être d'Abyssinie, à travers les marais du Bahr El Ghazal et le haut-bassin de l'Oubangui. Les essais de culture ont donné des résultats intéressants. La récolte, insignifiante au point de vue commercial, quelques trentaines de tonnes pour le Moyen-Congo, prouve du moins que l'on peut réussir et éviter d'onéreuses importations.

Mobenzelé, sur la rive de l'Oubangui, est une des plus petites stations dépendant de Liranga. Une pauvre case en chaume et en terre battue sert de chapelle avec une partie réservée comme chambre-sacristie pour le passage du Père. Les chrétiens sont peu nombreux : une vingtaine, un ménage, des enfants et quelques adultes. Le catéchiste porte le costume kaki d'un ancien tirailleur et arbore fièrement un vieux casque. Sa tenue contraste avec celle de ses compatriotes dont le costume se simplifie à mesure que nous approchons de Bangui.

A Mobenzelé, comme à la station suivante d'Imfondo, je recueille la plainte de ces chrétiens isolés : « Depuis mon mariage, me dit l'un d'eux, je vis loin du Père, loin, trop loin : pas de messe, pas de confession, pas de bons conseils... Il nous faudrait un missionnaire ».

Hélas ! c'est la plainte générale de l'immense Afrique ! Par manque d'ouvriers, l'évangélisation avance lentement, trop lentement, comme notre vieux bateau. Les machines, hier, luttaient péniblement contre le courant et maintenant le *Dolisie* va en zigzags, d'une rive à l'autre, pour éviter les bancs de sable. Le trajet s'allonge des arrêts forcés, dès la chute du jour, malgré le clair de lune splendide qui, ce soir, éclaire le paysage et détache au premier plan, comme un fantôme échevelé, un arbre gigantesque...

La marche reprend au petit jour, à travers les bancs de sable et les îles. Par manière de passe-temps, les tireurs s'amusent à exercer leur adresse sur la masse noire des caïmans étendus sur le sable dans le sommeil de la digestion, leurs terribles mâchoires entr'ouvertes. Je songe aux vers de Leconte de Lisle :

.... Et par endroits, le long des vertes îles,
Comme des troncs pesants flottaient les crocodiles.

Il y en a de toutes tailles : d'énormes, de 8 à 10 mètres de long, les amateurs de grosses proies dits les « mangeurs d'hommes », assez forts pour saisir par le museau un buffle qui s'abreuve ; d'autres, relativement plus petits, de 4 à 5 mètres, dits mangeurs de poissons, qui se contentent de proies plus modestes mais qui n'hésiteraient pas à vous happer un bras ou une jambe. Un jeune, nonchalamment étendu sur une branche desséchée, jetait une tache verte sur le bois mort : un coup de fusil troubla son repos et il plongea rapidement dans les eaux.

*
* *

Imfondo est le dernier poste du district religieux de Liranga. Dangou, centre administratif récemment créé, se rattache à l'ancienne Mission de Bétou, transportée maintenant plus loin vers l'intérieur, à Berberati, sur les rives de la Lobaye.

Résidence de l'Administrateur chargé de la circonscription civile qui va de Liranga à Bangui, Dangou a des airs de petite capitale. Un monumental escalier, que les gardes s'empressent de terminer pour l'arrivée du Gouverneur, facilite l'accès de la rive escarpée qui défend la ville contre la crue des eaux. Une belle route suit le fleuve et un écriteau, digne du Touring Club, vous indique Imfondo à 45 kilomètres. De larges allées de manguiers conduisent à la résidence de l'Administrateur et aux factoreries entourées de jardins élégants et fleuris. Un bureau des postes et télégraphes vous offre ses services. Des voies bien tracées séparent les cases indigènes soumises à l'alignement et, comme nos cantonniers de France, les femmes Bondjos balayent doucement la route, d'un geste lent que leur tutu de raphia marque de ses ondulations.

*
* *

Le clocher de la petite chapelle de Bétou évoque tout un passé. Dans les débuts, Mgr Augouard n'osait débarquer de peur que son équipage ne fasse les frais d'un festin. Il a spirituellement raconté comment il scella, pour jamais, la paix avec le grand chef de Bétou.

Selon l'usage de l'Afrique, on se fit de part et d'autre au bras droit une légère incision tout en mâchant de la noix de kola, et le sang de l'Évêque se mêla à celui du chef païen en témoignage de leur amitié indissoluble. Et cependant, au lendemain de cette cérémonie, les yeux allumés et les lèvres gourmandes, le chef Bétou tâtait le bras de son frère et murmurait doucement : « La chair du grand chef blanc comme cela doit être bon avec des bananes ! »

La charité des missionnaires a triomphé de ces instincts grossiers. Aujourd'hui, après quarante ans à peine d'évangélisation, je me promène tranquillement dans le village de Bétou. Les chrétiens s'empressent auprès de moi. Les païens, assis devant leur case, me saluent au passage, se soulevant à demi comme ce vieux forgeron accroupi sur la touffe de raphia qui est tout son costume. Ses longues dents, qui ont peut-être autrefois mastiqué la chair humaine, se contentent de mâchonner sa pipe. Des femmes revêtues du costume national, le tutu de raphia noir ou rouge qui ne manque pas d'élégance, font sonner les anneaux de cuivre qu'elles portent à leurs poignets et à leurs chevilles. Les plus nobles ont un collier de cuivre massif, haut et rigide faux col qui enserre leur cou comme un carcan, et qui autrefois, dit-on, ne s'enlevait qu'en faisant sauter la tête.

Les mœurs évoluent. L'anthropophagie a-t-elle complètement cessé ? Il est difficile de le savoir. L'état-civil n'existe pas. A peine commence-t-on à établir quelques fiches sur ceux qui payent l'impôt. Un féticheur évoquait devant un administrateur les joyeux festins du passé. Mais il ajoutait gravement : « Depuis que tu es là, sois tranquille, personne n'est sacrifié ! » De fait, partout où l'influence française pénètre, les coutumes anciennes tendent à disparaître.

* *

Le débarquement à Mongoumba d'une camionnette automobile, la première portée par le *Dolisie*, marque un stade nouveau. Les routes se multiplient qui permettront d'établir, avec les populations, des relations fréquentes.

Près de là est situé le seuil de Zinga, en amont du confluent de la Lobaye. Les grands vapeurs doivent s'y arrêter et les passagers ont l'agrément, pour atteindre Bangui, de s'entasser, une journée entière, sur un petit vapeur qui ne cale pas plus de 70 centimètres. Depuis longtemps, on parle de baliser le fleuve. En attendant, on a créé une route et le Gouverneur l'inaugurera en se rendant de Mongoumba à Bangui en automobile.

*
* *

Les beaux bâtiments de la Mission de Bétou laissent une impression mélancolique. Les prévisions de Mgr Augouard ne se sont pas réalisées. Il y a peu de chrétiens, quelques centaines et autant de catéchumènes. Le village se dépeuple. La maladie du sommeil a fait son œuvre : 17 0/0 des enfants en sont atteints. Les bateaux n'ont pas manqué d'apporter, avec les vices européens, les maladies qui en sont la conséquence. Enfin, la polygamie des vieux chefs empêche les jeunes gens de fonder un foyer. Ils partent pour travailler et chercher femme ailleurs.

Bétou se meurt. Les Missions du fleuve ont peu d'avenir. Derrière le rideau de verdure du rivage, c'est la forêt toujours ou le marécage. Il y a à l'intérieur toute une région relativement peuplée, 7 habitants au kilomètre carré, avec des agglomérations de 5.000 habitants et plus. Sur la rive gauche de la Lobaye, 35.000 adultes sont établis, ce qui suppose, avec les enfants, une population de plus de 50.000. Ils travaillent et ont de l'argent. Sur 750.000 francs d'impôts, payés dans la circonscription, 550.000 proviennent de cette région. Les routes, le développement industriel et commercial ont créé des centres nouveaux.

L'effort des missionnaires s'adaptera à cette situation. L'histoire glorieuse écrite sur les briques de Bétou par la hardiesse de Mgr Augouard sera continuée demain, sur les bords de la Lobaye, par le dévouement de ceux qui ont hérité du zèle ardent de « l'Évêque des anthropophages ».

LES TROPHÉES D'UN GRAND CHASSEUR

Mgr Calloch, Préfet Apostolique de l'Oubangui-Chari

Chez les Bandas : Retour d'une belle chasse

Le Père Hemme et les enfants de la Mission de la Sainte-Famille de Bangui

CHAPITRE XIV

La Préfecture Apostolique de Bangui

La liaison entre l'A. E. F. et l'A. O. F. — L'Oubangui-Chari,
hier et aujourd'hui. — L'effort économique et social : Le
réseau routier, le groupement des populations, les plantations de Céaras. — La Mission de Bangui : Mgr Calloch. —
La race Bouaka : Proverbes indigènes. — Le Père Hemme
et les Bandas. — Curieuses coutumes. — La résistance
du paganisme. — Espoir quand même.

En partie sur un plateau, en partie sur le flanc
d'une colline boisée, la petite ville de Bangui
s'étend nonchalamment au-dessus des rapides du
Fleuve. Son importance grandit avec le développement de la colonie dont elle est le chef-lieu. D'une
superficie de 493.000 kilomètres carrés, à un
dixième près celle de la France, l'Oubangui-Chari
fait la soudure des deux immenses cuvettes du
Tchad etdu Congo, entre le massif du Yadé et
du Dar Fertit, par un vaste plateau horizontal,
où les rivières des bassins du Chari et de l'Oubangui mêlent leurs sources. L'occupation de
cette région s'imposait pour relier par le Tchad
l'Afrique Équatoriale Française avec nos posses-
sions de l'Ouest et du Nord africain.

Des pages tristes et glorieuses en illustrent
l'histoire. Dès le début, préoccupé de réaliser
cette liaison, de Brazza explorait la Haute-Sangha
et se heurtait à l'occupation allemande du Cameroun. Quelques années plus tard, l'héroïque
expédition Marchand cherchera à pousser vers
l'est pour atteindre le Nil et sera arrêtée en 1898
à Fachoda. Mais les accords avec l'Angleterre
qui furent la conséquence de ce choc, mirent fin
aux visées du Soudan Égyptien sur le Tchad.

La voie du nord-ouest était libre. Dès 1886, un des premiers avec Dolisie, le Père Augouard avait remonté l'Oubangui. Un poste administratif avait été créé à l'entrée des rapides qui coupent la navigation. C'est de là que le jeune secrétaire de Brazza, Paul Crampel, partira, en 1891, pour essayer, au prix de sa vie, d'ouvrir la route de Bangui au Tchad. Le vaillant explorateur tombera, avec plusieurs de ses compagnons, dans un guet-apens lâchement préparé par un traître. Pendant dix ans, la France se heurtera à la puissance musulmane du sultan Rabah qui prétendait continuer librement ses razzias d'esclaves. Les missions Clozel et Gentil reconnurent les voies de pénétration. Le coup décisif fut porté par l'action combinée de trois colonnes : celle de Foureau-Lamy venue à travers le Sahara ; celle de Voulet-Chanoine venue par le Niger, dont le Colonel Klobb devait prendre le commandement après de tragiques incidents ; celle de Bretonnet qui rencontra le Chari. Leur jonction brisa la puissance du sultan. Rabah était tué le 28 avril 1901. Sa résistance peut être comparée à celle de Satory sur le Niger. Pour la vaincre, de nombreux et brillants officiers avaient sacrifié leur vie. Mais, désormais, la route du Tchad était libre.

Ces événements ne laissaient point indifférent le patriotisme de Mgr Augouard. Par deux fois, le petit vapeur de l'Évêque, le *Léon-XIII*, mis à la disposition des autorités, avait transporté, en 1898, pour la Mission Gentil, et en 1899 pour la Mission Marchand, miliciens et chargements impatiemment attendus et immobilisés à Brazzaville. Mais les missionnaires se préoccupaient surtout de conquérir à l'Évangile les farouches populations de ces contrées.

Au lendemain des massacres d'un administrateur,

M. de Poumayrac, et d'un soldat, le sergent Guélorget, massacres marqués par d'affreuses scènes d'anthropophagie, Mgr Augouard installait tranquillement, en février 1894, la Mission de Saint-Paul des Rapides près de Bangui et, à trois jours de là, en amont, la Mission de la Sainte-Famille des Banziris. Peu de temps après, le Frère Séverin y était massacré. On vivait alors dans des alertes continuelles.

*
* *

Ces temps semblent lointains. Trente ans ont suffi pour obtenir une véritable transformation. La France a accompli, en ces régions, un remarquable effort colonial. Dans ces dernières années, avec une activité persévérante, le Gouverneur Lamblin a poursuivi méthodiquemeng la politique de la route. En six ans, un réseau de 2.500 kilomètres a été créé. De Bangui et Damara deux grandes voies montent vers le Tchad : l'une par Bouka et Batangafo, l'autre par Fort Sibut et Fort Crampel. De Fort Sibut, une route va vers l'est jusqu'à Yalinga en passant par Bambari où un nouveau poste de mission se développe magnifiquement. De Bambari un embranchement descend vers le fleuve jusqu'à Mobaye et Bangassou Quelle différence avec le Moyen-Congo ! J'ai pu moi-même parcourir quelques centaines de kilomètres sur des routes parfaitement entretenues. Mon temps était trop limité pour une expérience plus vaste. Mais, officiers et commerçants interrogés étaient unanimes à se féliciter du réseau routier qui permet de se transporter rapidement d'un point à un autre et de faire circuler des marchandises sur des ponts capables de supporter des camions de deux tonnes par essieu.

« En avril-mai 1924, écrit le Dr Vassal, j'ai eu

l'occasion de sillonner toutes les routes de l'Ou-bangui-Chari... En un mois, sur une torpédo ordinaire Ford, j'ai fait 4.000 kilomètres, je n'ai pas eu une seule panne. Inutile d'insister, par conséquent, sur la valeur du réseau et la tenue du service des transports automobiles[1] ».

En janvier 1925, lors de mon passage, la Mission Delingette et la Mission Citroën arrivaient à Bangui et leur impression sur les routes de la colonie confirmait l'opinion du Docteur Vassal.

Si l'on songe que ces travaux ont été commencés avec un emprunt de 200.000 francs et que le budget local et les prestations réglementaires suffirent à l'achèvement de cette œuvre, on admire encore davantage les résultats obtenus. Il faut reconnaître que le sol de la colonie facilitait la création des routes. L'Oubangui-Chari s'étend sur un plateau de latérite dont les argiles ferrugineuses durcissent à l'air et constituent une plate-forme idéale. Il n'en reste pas moins qu'il a fallu débroussailler le fouillis des galeries forestières et construire des ponts sur les multiples cours d'eau que l'on rencontre.

Cette politique de la route a été complétée par un lent travail de regroupement des populations. Les indigènes, autrefois, dissimulaient leurs villages dans les clairières et dans la brousse et aimaient à vivre loin du contrôle de l'administration, sans aucun souci des précautions hygiéniques les plus élémentaires.

Aujourd'hui, les villages se succèdent le long des routes. Les plus petits comprennent de 20 à 50 cases, bien alignées, avec des clôtures élégantes et propres. Il y a des régions, celle de Bambari

<hr>

1. Cf. Gabrielle VASSAL, *Mon séjour au Congo français*, Paris 1925, p. 200.

par exemple, où pendant des kilomètres et des kilomètres, les cases bordent la route. Le service d'hygiène en a été extrêmement facilité. Aussi la maladie du sommeil est-elle en décroissance. D'après le Dr Vassal, l'index sommeilleux qui était de 15 0/0 en 1917 est tombé à 2,9 en 1922 [2].

L'habitude du travail commence à pénétrer dans les mœurs. Les indigènes apprennent à apprécier l'aisance qui en est le fruit. Le développement de l'élevage et des cultures vivrières leur assure une nourriture plus substantielle. La culture du caoutchouc scientifiquement organisée leur procure des ressources. 40 millions de pieds de Céaras, arbre qui produit un caoutchouc estimé, ont été distribués. Pour remplacer la liane saccagée, éparse le long des rivières, dont la saignée entraînait les habitants loin de leur village, l'administration a fait planter des Céaras dans les régions favorables, autour des cases, à raison de 75 pieds par habitants.

Le recensement de la population a été essayé : en 1924, les diverses circonscriptions accusaient 439.000 contribuables et une population flottante de 50.000 sur lesquels on percevait 2.335.000 fr. d'impôts.

* *

Cette organisation de la colonie a des conséquences immédiates au point de vue de l'apostolat. Mgr Calloch s'en préoccupe vivement.

Constitué en Préfecture Apostolique dès 1909, l'Oubangui-Chari a reçu en 1911 ses limites actuelles qui dépassent celles de la colonie et s'étendent jusqu'au 10° de latitude nord dans la circonscription des territoires militaires du

---

1. Cf. *Revue du Monde colonial*, 1924, p. 318.

Tchad. Le champ d'apostolat est vaste. La paix française règne ; la facilité des communications est assurée. Que manque-t-il ? Des ouvriers pour défricher et préparer les moissons futures. On ose à peine écrire le chiffre des missionnaires dont dispose le Préfet Apostolique de Bangui : 11 missionnaires pour évangéliser ces immenses territoires ! Aussi il n'y a encore que 2.000 chrétiens et 1.500 catéchumènes.

Mgr Calloch est né au diocèse de Quimper. Breton énergique, à la volonté tenace, travailleur, infatigable, il ne se décourage pas et s'efforce ne pouvant atteindre le grand nombre, de travailler en profondeur dans les quatre postes actuelle, ment en plein exercice : Saint Paul des Rapides-La Sainte-Famille de Bangui, Mbaïki et Bambari.[1] Demeuré seul à Bangui pendant la guerre, il a maintenu toutes les œuvres et, malgré les premières atteintes de la maladie du sommeil, définitivement enrayées, il n'a cessé de remplir son ministère. Il a su conquérir la sympathie de tous les coloniaux dont il est maintenant un des plus anciens après 18 ans de séjour au Congo.

La Mission est située un peu à l'écart de la ville, à 3 kilomètres environ en amont des rapides. L'automobile qui nous y conduit en quelques minutes contraste agréablement avec le « pousse » ou le « tipoy » du Moyen-Congo.

Le soir de mon arrivée, la fraîcheur tombe rapidement et le lendemain matin, à la messe, tous les enfants s'entouraient le cou de leurs bras en guise de cache-nez.

Pour nourrir ce petit monde, pendant longtemps,

---

1. Nous apprenons que Mgr Calloch vient de se démettre de sa charge de Préfet apostolique pour aller fonder un nouveau poste plus au nord à Fort-Archambault (janvier 1928).

on a eu recours surtout à la pêche et à la chasse. Mgr Calloch jouit d'une réputation de chasseur intrépide. Rien ne l'effraye et son coup de fusil, d'ordinaire, porte bien. D'énormes défenses d'ivoire témoignent de ses plus beaux coups. « De temps à autre, dit-il, quand tout manque, je pars encore en chasse. Mais nous sommes organisés pour nous suffire en temps ordinaire ».

Je visite les vastes plantations de bananiers qui donnent actuellement 700 kilos de bananes par jour que l'on écoule à Bangui mais que l'on ne vend pas le même prix qu'à Paris ! Des caféiers ont été plantés qui, dans quelques années, avec l'exportation, pourront être une source de revenus intéressants.

Les ateliers professionnels forment d'excellents ouvriers : une scierie débite les bois de constructions et la briqueterie prépare, par fournée de 40.000, les briques nécessaires pour la future construction de la résidence principale à Bangui. Saint-Paul aura toujours sa raison d'être pour les internes et les villages des environs. Mais le développement de la ville, où déjà demeurent beaucoup de chrétiens, exige une église rapprochée du centre. Un emplacement de 200 mètres carrés, précédé d'une place publique de 80 mètres de profondeur, a été accordé à la Mission sur la route de Damara, d'un côté où la ville ne cesse de se développer. Le clocher de l'église élèvera les âmes vers la vraie civilisation, mieux encore que les pylones de la T. S. F. dont l'utilité cependant est incontestable.

*
* *

Administrateur habile, Mgr Calloch est avant tout un apôtre zélé. Dans toute la mesure possible, il a parcouru avec sa motocyclette les diverses parties de sa préfecture.

Elle commence au 10° nord à peu près à la limite où s'arrêtent les populations blanches, arabes et touaregs, de la région du Tchad. Les « Saras » dont les femmes portent aux lèvres les disgracieux « soundous » et les races des rives du Logone n'ont pu encore être évangélisées : l'islam menace de descendre peu à peu. De même, les « Azandé Nzakara » de la frontière Soudano-Égyptienne n'ont pas encore été pénétrées. Ces races aux mœurs dépravées par des influences asiatiques, ont pour type la tribu du fameux sultan Bangassou qui immolait 300 esclaves pour célébrer son avènement au pouvoir. Du 7° au 4° de latitude nord et entre le 13e et le 16° de longitude est, se trouvent les diverses races Baya et Mandja, de langue Bantou ; et, mêlées avec elles, les populations de langue « Koasé » : celles-ci sont atteintes par les postes actuels des Missions catholiques. Les deux principales sont les Bouakas de Bangui et les Bandas qui ont eu naguère une éphémère célébrité par le roman de « Batouala » !

Les Bouakas sont une race fière, indépendante et fort intelligente. Mgr Calloch qui a longuement étudié leur langue, — non moins que celle des Bandas, — a estimé que ces populations étaient capables de recevoir une forte culture religieuse. Le petit catéchisme composé par lui comprend plus de 700 questions, 711 si je ne me trompe, et forme un cours complet d'instruction religieuse non moins qu'un manuel de vie chrétienne. L'examen de conscience entre dans les nuances les plus subtiles : voici comme exemple l'examen sur les « fétiches » plus nuancé encore par les expressions indigènes que par les mots français : « J'ai cru aux fétiches. — J'ai fait fétiche ; — j'ai fait faire fétiche pour moi ; — j'ai laissé faire fétiche sur moi ; — j'ai porté des fétiches ; — j'ai mis des fétiches à mon enfant ; — j'ai consulté les féticheurs, les devins, les sorciers, etc... » Si quelques-uns ne peuvent profiter d'une formation aussi complète, l'élite en bénéficie et prépare des entraîneurs.

A mesure que l'on approfondit la langue, on découvre chez ces peuples des maximes pleines de sagesse. L'expression « terrain vierge » a été l'occasion d'apprendre que le mot « vierge » n'est pas inconnu de ces primitifs : « c'est celle qui a toujours été sous l'œil de sa mère et qu'aucun homme n'a touchée ».

Les proverbes ne sont pas moins révélateurs. « Il faut fuir l'occasion dangereuse », disons-nous. « Coucherais-tu par terre quand il y a un lit ? — Te laisserais-tu mourir de faim près de la nourriture ? » disent les paroissiens de Mgr Calloch. « Ce sont les deux doigts de la main » disons-nous de vieux amis. « Ils sont liés comme pagne et ceinture » dit-on là-bas, en une phrase qui rappelle un vieux proverbe français non moins évocateur. Le plus touchant de tous sur les lèvres païennes est la traduction imagée de la maxime de Juvénal :

« *Maxima puero debetur reverentia* » :

« La dent de l'enfant tombe mais son œil demeure. »

Ainsi ces féroces tribus se transmettent des principes de vie morale et s'exhortent à ne donner que de bons exemples à l'enfant qui garde souvenir de ce qu'il a vu.

** **

Mon court séjour à Bangui fut heureusement complété par les deux mois passés avec le Père

Hemme, Supérieur de la Mission de la Sainte-Famille, qui compte près de 20 ans de séjour au Congo. J'ai eu en lui un compagnon de route aimable et délicat, et aussi un informateur très documenté sur les « Bandas ».

D'où viennent ces tribus ? Les anciens racontent que leurs ancêtres habitaient la Haute-Kotto et le Haut-Kouango, régions aujourd'hui désertiques, jadis exposées aux continuelles razzias des musulmans du nord. Sous la poussée de l'Islam, ils se sont dispersés et on les trouve répandus du 4° au 7° de latitude nord entre le 14° et le 25° de longitude est. Quand on leur demande pourquoi les divers groupements d'une même tribu se trouvent ainsi dans des régions très éloignées les unes des autres, ils vous répondent invariablement que les éléphants en sont la cause. Les tribus fuyant devant les Arabes auraient été arrêtées par des troupeaux d'éléphants qui les ont séparées. Les uns auraient pris la route de l'est et les autres la route de l'ouest. Le bloc le plus homogène est compris entre la Kotto, l'Oubangui, la Kémo et le 7° de latitude nord.

La Mission de la Sainte-Famille rayonne le plus possible sur ces populations. A partir de Fort Possel, pendant une quinzaine de kilomètres, les villages se suivent, alignés le long de la route. Pour visiter les sept postes de catéchistes qu'il a établis, le Père Hemme s'impose chaque mois en bicyclette environ 400 kilomètres !

Longtemps anthropophages, les Bandas ont peu à peu perdu cette coutume dont les pauvres missionnaires ont failli plus d'une fois être victimes. Ils sont restés profondément attachés à leurs coutumes fétichistes. Rarement vous verrez une pirogue Banda sans une longue ficelle portant à son extrémité un morceau de maïs qui plonge dans l'eau et suit la barque : c'est une offrande à *Badagui*, le génie de l'eau, qu'il faut savoir se rendre favorable.

Des cérémonies spéciales marquent la naissance d'un enfant. La féticheuse se rend chez les parents, prend une poule, la place sur la tête du petit enfant et dit : « Enfant, moi qui offre cette poule à ton *lingou*, je l'invoque pour qu'il te soit propice et te préserve de toute maladie ».

« Lingou » est le bon génie qui vient au monde avec l'homme et veille sur sa destinée. La poule est étouffée et cuite. On en offre un morceau au « lingou » et on en met un dans la bouche de l'enfant.

Le féticheuse prend ensuite une pioche, verse un peu d'eau sur la pioche et fait couler cette eau dans la bouche du petit. « Par cette pioche, dit-elle, sois plus fort que la maladie. » Elle offre ensuite au foyer, à la pioche, à la mère, à l'enfant, un morceau de la poule et une goutte de bière de maïs. La pioche représente pour les Bandas l'âme de l'ancêtre qui s'en est servie. Le foyer formé de trois pierres est le lieu où les âmes des ancêtres viennent se reposer.

A l'âge de la puberté, l'enfant devra subir la circoncision qui n'a plus chez ces peuples aucun caractère religieux mais qui est pratiquée avec un ensemble de coutumes profondément immorales et sauvages dont il est très difficile de préserver les enfants chrétiens.

L'étude de leurs mœurs prouve que les peuples les plus arriérés ont une certaine morale. Le respect de l'enfant pour sa mère est absolu, l'adultère puni, la débauche honteuse : le jeune homme qui, au lieu de se marier et de fonder un foyer, s'amuse et se conduit mal, est voué au mépris public.

Les voyageurs ont maintes fois signalé l'ingéniosité des Bandas pour transmettre au loin les
nouvelles. Ils disposent sur les collines des troncs
d'arbres creusés, ne présentant qu'une fente
étroite et qu'ils nomment « Goudougoudou ».
Ils les font résonner en les frappant avec des
maillets de caoutchouc. Et ainsi, par des rythmes
mystérieux qu'ils savent interpréter, ils commu-
niquent entre eux et suppléent à la téléphonie
sans fil.

Quant à leur passion de la danse, elle dépasse
ce qu'on peut imaginer. Aucun travail qu'elle
n'accompagne. Qu'il s'agisse d'abattre un arbre,
de piler le mil ou de préparer la terre glaise pour
la construction des cases, les Bandas agrémentent
leur besogne par le chant et la danse. Mais si
celle-ci n'est qu'accessoire dans le travail, elle
prend un rôle primordial dans toutes les fêtes
et réjouissances publiques et trop souvent elle
entraîne les pires excès.

*
* *

On comprend que le christianisme ne puisse
s'infiltrer que péniblement parmi ces tribus
passionnées de jouissance. Les enfants commencent
à laisser façonner leurs âmes et leur cœur s'ouvre
peu à peu à la piété. Mais on est encore loin
des conquêtes faciles et de la conversion en masse.
Les vieux païens ne demandent pas le baptême
et souvent ils le refusent.

Un trait douloureux et significatif souligne
cet état d'esprit.

Le missionnaire s'était rendu près d'un vieux
chef sur le point de mourir. Souvent il s'était
arrêté chez lui au cours de ses tournées et toujours
il avait reçu bon accueil. Aussi, le sachant très
mal, il n'hésite pas. Il accourt lui proposer le

baptême. Après les banalités préliminaires, il l'exhorte à se faire chrétien avant de mourir. Le vieux se tait. Pressé de répondre, il cherche un échappatoire. « Il faudrait que je puisse aller à la rivière pour être baptisé... Je suis trop malade pour remuer. » Il était facile de lui répondre.

« Tu dis qu'à la mort, on va chez Maja, reprend-t-il vivement, mais qui va nous montrer le chemin. »

Le Père veut lui expliquer que le chemin ne sera pas difficile à trouver puisque la mort nous mettra directement et immédiatement en présence de Maja.

« Si tu partais le premier, dit le vieux en souriant, tu reviendrais me chercher. Tiens, ajoute-t-il, donne-moi donc du tabac... »

Le Père, par hasard, n'en avait pas, et lui offrit un peu de sel dont les Bandas sont friands.

« C'est bon, Père, mais si tu ajoutais un peu de viande. »

Décidément le vieux plaisantait. « Tu n'as donc pas peur de l'enfer qui peut être est proche pour toi et que le baptême te ferait éviter, dit le missionnaire. »

« Mon père et ma mère n'ont pas été baptisés. Sont-ils donc en enfer ? Alors moi aussi, je veux aller avec eux... Je ne crains pas le feu : je soufflerai dessus et j'éteindrai les flammes ! ! »

Il n'y avait pas à insister, le vieux chef refusait la grâce : il mourut sans baptême.

— « Beaucoup encore mourront sans baptême, conclut tristement le Père Hemme. »

Mais l'heure du bon Dieu est peut-être plus proche que nous le pensons. Les enfants des Missions grandissent ; des catéchistes se forment ; quelques élèves se préparent au séminaire. Quand on considère les difficultés vaincues par les premiers missionnaires et les facilités actuelles de l'apostolat, on se sent, au cœur, un grand courage et une grande espérance.

*
* *

Ainsi parlait le Père Hemme sous les grands arbres de la Mission tandis que les rapides du fleuve poursuivaient en grondant leur course folle. Mgr Calloch nous avait rejoints, simplement coiffé de sa barrette. Car, alors qu'aucun Européen ne peut se permettre de quitter le casque, il circule à toute heure, la tête à peine couverte de ce bonnet ecclésiastique. Il prétend qu'au pays d'Arvor « la tête est dure » et résiste à tout.

« Oui, dit-il, l'heure de la conversion n'est peut-être pas éloignée. »La forêt a été débroussaillée. Le terrain a été préparé. Il suffit de jeter largement la semence. Question d'ouvriers.

CHAPITRE XV

L'Œuvre de Mgr Augouard

Le monument élevé à Brazzaville à la mémoire de Mgr Augouard. — La vocation du Missionnaire [1]. — Les premières explorations au Stanley Pool à la suite de Brazza. — Les premières fondations. — L'organisation du Vicariat. — Point de départ et point d'arrivée. — Le rayonnement du Grand Evêque. — L'œuvre continue.

Sur une place publique, à l'entrée de la Mission dont les jardins fleuris ont remplacé la forêt sauvage, se dresse la statue de Mgr Augouard. Taillée dans un bloc de granit de trois mètres de hauteur et posée sur un socle de quatre mètres, l'œuvre forme un imposant monument.

L'artiste, Mme de Bayser-Gratry, a dessiné en lignes sobres la silhouette puissante de l'Évêque et a marqué, dans son regard et dans le geste de sa main qui presse la croix sur son cœur, la flamme de son apostolat et le secret de son indomptable énergie.

Ainsi est assuré, par l'initiative des catholiques et la délicate attention de son successeur, Mgr Guichard, le souvenir du grand Evêque dont la forte personnalité s'est imposée au respect de ceux mêmes qui ne partageaient pas sa foi. Peu de temps avant sa mort, en 1920, le Gouverneur général d'alors, M. Augagneur, saluait en Mgr

---

1. Pour la vie de Mgr Augouard, on consultera les trois volumes de lettres publiés à Poitiers ; *La Vie*, publiée par le Baron DE WITTE, avec ses notes de voyages et sa correspondance, 1 vol. in-8°, Paris 1924 ; *L'Apôtre du Congo*, par G.-G. BESLIER, Paris 1926, éditions de la Vraie France ; et enfin l'attachante Biographie de M. Georges GOYAU, *Monseigneur Augouard*, 1 vol. in-12, Paris 1926, Librairie Plon.

Augouard « le seul survivant de l'époque héroïque ».
« Quelles que soient les opinions personnelles
de chacun, ajoutait-il, il faut s'incliner devant le
noble idéal du missionnaire et rendre hommage à
l'ardent patriotisme dont il a fait preuve. »

Dans un même sentiment, M. le Gouverneur
général Antonetti présidait, en 1926, l'inauguration de ce monument et évoquait la mémoire
de l'Évêque et des quatre-vingt-dix missionnaires
tombés autour de lui au cours de quarante-six
ans d'apostolat.

*
* *

Né le 16 septembre 1852, à Poitiers, d'une
chrétienne famille d'artisans, Prosper-Philippe
Augouard se révéla dès sa jeunesse un tempérament vif et impétueux, énergique et combatif.
« Lorsqu'il n'avait personne à combattre, a-t-on
écrit de lui, quelque chose manquait à son
bonheur. »

Sa vocation porte l'empreinte de son originalité.
La discipline du Petit Séminaire l'étouffait. Il
sort et s'engage en 1870 dans les zouaves de
Charette. Après la guerre, il consulte, sur son
avenir, le pieux Mgr de Ségur qui a deviné la
richesse de sa nature exubérante et lui donne le
conseil de ne pas rester en France : « Tu serais
toujours en guerre avec ton Évêque et tu étrangle-
rais ton préfet... Va donc aux colonies ».

Prosper Augouard entre chez les Pères du
Saint-Esprit. Prêtre le 10 juin 1876, il est envoyé
au Gabon en 1877.

Les missionnaires suivaient attentivement l'exploitation du continent africain. Des routes
nouvelles allaient s'ouvrir devant l'Évangile.
Le Père Augouard, à Libreville, fait la connaissance de Brazza. Celui-ci après avoir exploré

VILLAGE INDIGÈNE

Brazzaville : Inauguration du Monument de Mgr Augouard (septembre 1926)

l'Ogoué et découvert la vallée de l'Alima, a dû rebrousser chemin. Dans un nouvel effort, il devancera Stanley. Chez les Batékés, sur la rive droite du Congo, il plantera le drapeau français sur le Pool, à plus de 500 kilomètres de la côte. « La religion ne peut pas rester en arrière, écrivait le Père Augouard dès 1878, et sans avoir entre les mains les millions des explorateurs, nous allons essayer d'implanter parmi ces sauvagess le christianisme. » Aussi accepte-t-il avec enthousiasme l'offre de son supérieur, Mgr Carrie, qui, sollicité par de Brazza d'envoyer au Pool un missionnaire, le désigne pour ce difficile et périlleux voyage.

Il faut lire, dans le carnet de route ou dans les lettres du missionnaire, le récit des multiples obstacles qu'il rencontre à partir du point, proche de son embouchure, où le Congo est fermé par les cataractes. A Vivi, les porteurs du pays se récusent. Il part enfin le 2 juillet 1881, sous l'égide de Marie, avec une caravane de vingt-quatre Loangos recrutés à la Mission de Pointe-Noire. Pendant un mois, il luttera contre l'astuce et l'inconstance de ses guides ; contre l'hostilité du pays et de ses habitants ; contre la forêt équatoriale aux lianes enchevêtrées qui dérobent les sentiers ; contre les fauves qui rôdent dans la brousse ; contre les tribus farouches pour l'étranger.

Le Père Augouard avait l'art de ne paraître parmi ceux qu'il voulait évangéliser, ni un intrus ni un étranger. Le 1er août 1881, sur le Pool, près de la rivière le Djoué, il rencontre Stanley dont la courtoisie fut parfaite. Mais, pas plus que lui, il ne put obtenir la permission de se fixer chez les Batékés. En dix-huit jours, à marches forcées, il regagnait la côte, avec ferme volonté de retour.

* *
*

Deux ans durant, de 1881 à 1883, il attendit l'occasion favorable, s'improvisant diplomate audacieux pour pacifier la région de Pointe-Noire où son influence sur le chef André Loemba fut décisive en faveur de la France. Le Congrès de Berlin devait enregistrer les résultats acquis par de Brazza et Dolisie grâce à l'heureuse intervention du Père Augouard.

Cependant, le missionnaire avait hâte de se fixer au Stanley Pool et Brazza lui-même l'en pressait dans l'intérêt de la France.

Deux compagnons lui étaient donnés ; cent vingt porteurs étaient réunis ; on leur distribue la monnaie d'échange : des milliers de mètres d'indienne, des centaines de bonnets rouges, des miroirs, des couteaux, des cuillers, du fils de laiton, des épingles, des pharmacies. Avec ce bazar destiné à acheter du terrain et à gagner l'amitié des chefs, de nouveau on se mit en marche. Les mêmes difficultés que la première fois attendaient la caravane et, en plus, l'épidémie qui décima les porteurs. L'énergie du Père Augouard fit face à tout. Quand il atteignit, avec Dolisie, les confins du territoire cédé par Makoko à la France, Brazza qui devait les rejoindre par l'Alima manquait au rendez-vous. Les Batékés refusèrent de les accueillir. Les Français n'avaient pas de plume de coq au chapeau ! Brazza avait oublié de leur indiquer le signe de ralliement par lequel on devait reconnaître ses amis.

Ne pouvant s'installer sur le Pool, le missionnaire se fixa à une trentaine de kilomètres, chez les Ballalis, sur les bords du Linzolo où il fonda, au milieu d'une tribu de bienveillants cannibales, la première station de son futur Vicariat. Le

22 janvier 1884, la Mission devenait propriétaire d'un terrain de vingt hectares achetés « au prix de trois habits, de trois chapeaux dorés, de trois chaînettes et de trois couteaux argentés, de trois couvertures, de trente-six mouchoirs de trois ceintures d'étoffe et de trois colliers de perles ! »

Après un rapide voyage où le Père Augouard, tant à Lisbonne auprès du Nonce, qu'à Paris auprès de Jules Ferry et du Ministère des Colonies, sut défendre utilement les intérêts du Congo, il s'empressa de revenir à Linzolo, de s'installer enfin sur le Pool, là où s'élèvera bientôt Brazzaville, et d'organiser la reconnaissance du Fleuve, du Stanley Pool au Stanley Falls. On se demande par quel miracle d'énergie cet homme, miné par la fièvre, put tenir ainsi constamment sur la brèche, parcourant tantôt la route des caravanes vers la côte, tantôt la route du Fleuve vers de nouvelles stations. Kouamouth qui sera cédé aux Belges est fondé en 1885, puis en 1889, Saint-Louis de Liranga.

*
* *

Une première étape est franchie. Les postes son t organisés. Une nouvelle responsabilité incombera désormais au Père Augouard. Il est désigné pour devenir le chef du Vicariat du Congo français Supérieur, dit de « l'Oubangui », érigé par Rome en 1890, tandis que son supérieur, Mgr Carrie, garde le Vicariat de Loango. L'autorité de l'Évêque lui impose de lourdes charges. Il multiplie son action.

Tour à tour, agriculteur, architecte, chaufournier, menuisier, forgeron, ingénieur, le missionnaire s'improvise marin et acquiert une expérience de la navigation fluviale qu'il consignera dans les cartes publiées en 1907.

Administrateur habile, l'Évêque veille à assurer aux fondations qu'il entreprend les moyens de vivre et de subsister par la culture du pays. Il réserve ses ressources pour multiplier les écoles et jeter les bases d'un Petit Séminaire.

Il insiste auprès des missionnaires pour que chacun étudie la langue des tribus dont l'évangélisation lui est confiée. Il forme des catéchistes et assure aux catéchumènes, par un enseignement méthodique, une solide formation chrétienne.

Dès 1891, il a eu la hardiesse de faire venir, dans une colonie à peine organisée, des religieuses. Les Sœurs de Saint-Joseph de Cluny eurent le courage de répondre à son appel : à pied, sous le dur climat équatorial, le petit groupe, dirigé par Mère Marie franchit la route des caravanes et s'installe à Brazzaville pour travailler au relèvement de la femme indigène.

Ainsi l'Évêque organise l'apostolat. Avec le *Léon-XIII* et plus tard avec le *Pie-X*, il parcourt les postes qu'il a placés jusqu'à l'extrémité de l'immense territoire de son Vicariat. Il a fondé la Mission de la Sainte-Famille des Banziris, près de Fort Possel, après celle de Saint-Paul de Bangui. Puis, ce sont les postes de l'Alima : Sainte-Radegonde, Notre-Dame de Leketi, Saint-François-Xavier de Bondji. « Pendant près de quinze ans, écrira-t-il, à la fin de sa vie, de 1890 à 1904, on sembla travailler en vain. Nos dépenses, nos travaux, nos sueurs ne paraissaient produire aucun résultat et nous étions près d'abandonner la lutte. Tout à coup, un mouvement extraordinaire porta ces tribus féroces vers la religion catholique. »

*
* *

Pour se rendre compte de la tâche accomplie,

il faut considérer un instant le point de départ.

Le matérialisme le plus grossier dominait les âmes et semblait rendre impossible d'éveiller en elles un souffle d'idéal.

Quand, passant par les villages, Mgr Augouard saluait ses paroissiens de son salut favori « Dieu vous bénisse », il les entendait lui répondre par le souhait de leur cœur : « Puisse-tu t'enivrer tous les jours ». — « Puisse-tu tuer tous tes ennemis. » — « Puisse-tu voler sans qu'on te voie. » Et quand il leur parlait des joies du Paradis, ils lui demandaient avec empressement : « Aurons-nous des cabris dans ton ciel ? Aurons-nous beaucoup de vin de palme, beaucoup d'éléphants, beaucoup d'hippopotames ? » L'Évêque essayait de leur expliquer les joies du ciel où l'on n'a plus ni faim ni soif. « Pas bon, si pas avoir faim, s'écriaient-ils. Pas bon ton ciel, si pas avoir soif. »

A quel point l'anthropophagie était passée dans les mœurs ? On en jugera par le trait suivant.

Un chef s'était révolté contre la France. Pris, il est fusillé et son fils donné en otage à la Mission Saint-Paul. Au bout d'un mois, on est curieux de savoir ce que pense l'enfant.

— Eh bien, lui dit-on, qu'est-ce que tu penses du Commandant qui a tué ton père ?

— Le commandant ? il est trop bête.

— Oh ! et pourquoi ?

— Tu connaissais mon père ? C'était un chef gros et gras. Le commandant l'a attaché à un arbre... il a fait « boum » dessus avec un fusil... puis il a fait un trou pour faire pourrir mon père... comme s'il ne pouvait pas utiliser cette bonne viande... Ça, commandant, trop bête !

L'éducation de l'enfant était à reprendre à la base.

Les meilleurs conseils donnaient lieu parfois

à des résultats imprévus. Un vieux chef hésitait pour se convertir à se séparer de l'une de ses deux femmes. Un jour, il arrive tout heureux annoncer au missionnaire qu'il est libre et qu'il peut recevoir le baptême. Celui-ci le félicite de n'avoir plus qu'une épouse. « Laquelle as-tu gardée — La moins méchante, naturellement, dit le chef. — Alors, tu as renvoyé l'autre ? — Mais non, dit-il simplement ; je l'ai mangée. »

Les missionnaires et leurs catéchumènes eux-mêmes n'étaient pas à l'abri de tous risques. A Saint-Paul des Rapides, pour aller chercher de l'eau à la source peu distante de la Mission, il fallait qu'un homme armé accompagne le porteur. Une même surveillance était nécessaire au cimetière situé à cent mètres à peine de la Mission. Les jours d'enterrement, il fallait s'armer pour protéger les fossoyeurs et empêcher de déterrer les cadavres.

Les horreurs et les dangers de l'anthropophagie ne découragèrent pas les missionnaires. Patiemment, ils luttèrent pour libérer l'âme noire de ses passions honteuses ; pour délivrer la femme de la polygamie qui l'abaisse ; pour arracher l'enfant à l'esclavage ; pour apprendre à tous la nécessité du travail et le leur faire aimer. Celui qui s'intitulait lui-même « l'Évêque des anthropophages » ne désespérait pas de la puissance de la grâce.

De temps à autre, il notait avec joie les signes d'espérance. Il rencontrait, parmi les jeunes gens et les jeunes filles, rachetés à la veille de passer à la marmite, des fleurs du ciel comme la délicieuse petite Kalouka qui, au jour de sa première communion, répondait à sa maîtresse qui la pressait de manger : « Mon âme est rassasiée, mon corps n'a pas faim ». Quelques années plus tard, Kalouka demandait à l'Évêque une faveur : « Je veux être religieuse ». Et celui-ci cherchait à l'éprouver. « Tu veux être religieuse sans doute pour porter le beau costume des Sœurs. » « Non, Monseigneur. Vous m'habillerez comme vous voudrez. Je puis rendre service. Les Sœurs qui nous conduisent au travail sont souvent malades, elles ont la fièvre, elles ne peuvent supporter le grand soleil, moi, je suis habituée au climat, je ne serai pas malade. » Pour l'éprouver encore, l'Évêque remettait à six mois sa réponse. « Oh ! six mois, soupira-t-elle. C'est long ! Est-ce que les pauvres Noirs ne pourraient pas aimer Dieu comme les Blancs ! » Deux ans plus tard, Kalouka devenait religieuse sous le nom de Sœur Pierre–Claver. Pendant six ans, elle fut un modèle. On lui confia les Noirs atteints de la maladie du sommeil. La contagion la gagna, et sa mort, joyeuse et confiante, prouva comment elle savait aimer Dieu.

« Je me suis donnée au bon Dieu corps et âme, disait-elle. Maintenant il me prend et me prouve qu'il a accepté mon sacrifice. Que puis-je désirer de plus ? »

La petite Noire, pouvait, dans son amour pour Dieu, servir d'exemple aux Blancs.

Ainsi, sous l'influence divine, les âmes s'élevaient et préparaient une transformation radicale des mœurs d'autrefois.

*
* *

L'action de Mgr Augouard débordait son ministère et les limites de son Vicariat. Le jeune missionnaire qui, dès 1886, intervenait auprès de Jules Ferry en faveur du Congo avait une autorité chaque jour grandissante.

M. Hanotaux, Ministre des Affaires Étrangères, le chargeait, en 1896, d'appuyer à Rome la demande du Gouvernement désireux de voir passer sous

la juridiction de missionnaires français les territoires du Tchad récemment acquis à la France.

Par ses articles, il élevait la voix pour protester
contre l'esclavage et défendre ses enfants contre
l'Islam, exploiteur d'esclaves et protecteur des
polygames. En 1900, il se rendra au palais royal
de Bruxelles signaler à Léopold II les abus qui
risquent de compromettre sa grande œuvre congolaise. Les Belges le consulteront avidement,
quelques années plus tard, quand il s'agira de
rattacher à l'État Belge l'État libre du Congo.
L'Évêque ne craint pas de rappeler à tous la
vérité chrétienne. « Exploiter le Noir, dira-t-il,
et profiter des richesses naturelles de son pays,
ce n'est pas là vraiment le civiliser ; il ne faut pas
oublier le point de vue moral. » Partout où il
avait l'occasion d'intervenir, il le faisait avec
toute l'ardeur de son tempérament et la fougue
de son caractère. Quand il défendait ses chers
Congolais contre la tyrannie de quelques administrateurs ou de quelques colons, il se laissait
entraîner parfois par sa verve caustique. Mais
on lui pardonnait beaucoup parce qu'on savait
qu'il aimait beaucoup les coloniaux.

Son attachement à la colonie eut l'occasion de
se manifester en 1911 lorsqu'il s'agit de céder à
l'Allemagne une partie de son diocèse. Il déposa
devant la Commission des Affaires Étrangères de
la Chambre. « La voix de l'Évêque trembla,
racontait ensuite le comte Albert de Mun, quand
il parla des Noirs, peu à peu gagnés à notre influence
et déjà tout émus parce que le bruit courait dans
les villages que le nouveau commandant allait
être le Germain, le maître à la rude renom-
mée. »

Jules Simon ne s'était pas trompé en le quali-
fiant, dès 1895, de « Grand Français qui n'a

jamais séparé ces deux cultes par excellence : Dieu et Patrie ».

La légion d'honneur, dont le capitaine Marchand avait orné sa soutane pour le remercier d'avoir « si bien travaillé pour la France », était une légitime récompense de son empressement à rendre service à son pays et à mettre son bateau à la disposition des troupes qui piétinaient à Brazzaville, en attendant un moyen de transport vers Bangui.

L'Académie Française elle-même couronnait ses œuvres, et, en décembre 1920, M. le Président Raymond Poincaré, dans son discours sur les prix de vertu, dessinait le portrait de Mgr Augouard « ingénieur, entrepreneur, administrateur, professeur, médecin, géographe, arpenteur, et restant, dans ces métiers divers, évêque et apôtre, tout cela sous un soleil homicide, en compagnie des cannibales, des crocodiles et des hippopotames, dans l'immensité de régions infectées par les fièvres et balayées par les tornades ».

D'autres témoignages de satisfaction étaient venus de Rome au vaillant Évêque. La Propagande avait jugé suffisante la vitalité de son Vicariat pour en détacher en 1911 la Préfecture de Bangui. Benoît XV, en 1915, l'avait élevé à la dignité d'Archevêque.

La piété de ses chrétiens était encore sa plus belle récompense. En 1920, il pouvait se réjouir de 12.000 baptisés et 14.000 catéchumènes. Il avait, pour travailler avec lui, 25 Pères, 15 Frères, 13 Religieuses et, avec 107 catéchistes, il instruisait, dans 82 écoles, 6.500 enfants. Les jours de fête, sa cathédrale de Brazzaville était trop petite, malgré de récents agrandissements. L'ère des consolations commençait. Dieu rappela à lui le lutteur épuisé qui s'éteignit doucement le 5 octobre 1921, à la maison-mère de Paris, où il était venu prendre un peu de repos. Il tomba sur la brèche, la plume à la main, laissant inachevé l'article où il mettait les Noirs en garde contre eux-mêmes ou plutôt contre les organisateurs intéressés du Congrès « Pan Nègres ». Sa rude franchise savait, pour bien aimer, dire toujours les vérités nécessaires.

*
* *

L'organisation des Missions frappe l'observateur. « Les Pères donnent l'impression de gens définitivement fixés ici, écrit M. Félicien Challaye ; ils travaillent pour l'éternité. » L'Église ne meurt pas. Un ouvrier disparu, un autre prend sa place. L'œuvre de Mgr Augouard continue. La charge en a été confiée à un Breton, Mgr Firmin Guichard, originaire du diocèse de Rennes. Né en 1884, parti pour le Congo en 1911, nommé en 1922 Vicaire Apostolique, il adapte l'organisation d'hier aux nécessités d'aujourd'hui.

Le développement de la chrétienté se poursuit. La statistique de 1926 accuse 21.628 baptisés, 14.807 catéchumènes. Le chiffre des communions s'élève à 249.960 dont 77.670 pour la section de Brazzaville qui compte 7.660 chrétiens. Ces chiffres suffisent à dire la vitalité de l'œuvre.

De cette vitalité les témoins ont été frappés.

Un administrateur colonial des plus distingués dont le livre sur l'Afrique Équatoriale fait autorité,

---

1. *Mgr Augouard*, par M. Georges GOYAU. Préface, p. I-III, Plon 1926.

M. Georges Bruel, a publié récemment son impression réfléchie[1].

« Pendant longtemps, explique-t-il, on a dit et répété que le Noir était incapable d'adopter les religions chrétiennes, parce que leur dogme est beaucoup trop complexe, leur morale trop élevée, et que, par ailleurs, elles ne tolèrent pas la polygamie.

« Personnellement, nous avons partagé cette opinion jusqu'à ces dernières années. Mais, depuis 1906, nous avons été amené à nous demander si cette théorie correspondait bien à la réalité des faits. Nous avons constaté, en effet, que les équipages des vapeurs, composés en partie de chrétiens, osent faire leurs prières en commun, ostensiblement, et à haute voix, dans les villages où ils font escale. D'un autre côté, nous avons assisté à Brazzaville à des fêtes religieuses, où les indigènes, venus de cinq à six jours de marche, donnaient véritablement l'impression de gens convaincus.

« Enfin, au cours de nombreux déplacements dans les environs de Brazzaville, dans l'Alima, à Franceville, dans le Ngounié et dans le Bas-Ogoué, il nous a paru que l'influence des missionnaires était réellement profonde et d'autant plus surprenante que le nombre des Missions — vingt-neuf — et celui des missionnaires — quatre-vingt-treize — est bien faible, si l'on songe à l'étendue du pays (aussi grand que la France), au chiffre de la population et à la faible ancienneté de la plupart des Missions. »

Cette impression de M. Georges Bruel, nous la retrouvons en nos notes de voyages sur le Togo, le Dahomey, le Congo. Partout où le missionnaire travaille, à travers mille difficultés, mille obstacles, lentement l'Église se développe et les peuples les plus dégradés se relèvent sous l'influence bienfaisante du christianisme.

La vitalité catholique se manifeste magnifiquement dans l'héroïsme de ses missionnaires et les résultats de leur action.

TABLE DES MATIÈRES

INDEX DES CARTES

Bourges. — Imprimerie A. Tardy. — 14.986-27.

ŒUVRE PONTIFICALE

DE LA

PROPAGATION de la FOI

"**L'Œuvre principale pour les Missions**" a écrit Sa Sainteté PIE XI.

Elle soutient les missionnaires catholiques du monde entier, 12.712 prêtres dont 4.516 prêtres indigènes. Lés besoins de l'œuvre s'accroissent chaque année avec le développement du clergé indigène.

Elle a recueilli et distribué en un siècle depuis sa fondation de 1822 à 1921

498.446.077 francs

L'apport français figure pour 293 millions.

Les recettes de 1926, calculées en francs-or, et comparées à celles de 1913, font apparaître un progrès dans les recettes générales, mais un fléchissement dans la valeur or des recettes françaises·

	RECETTES GÉNÉRALES	APPORT FRANÇAIS
1913.......	8.114.983 07	2.950.959 35
1926.......	10.633.813 96	1.115.584 17

Pour les besoins les plus urgents des Missions, il faudrait tripler cet effort. — Est-ce impossible de revenir, en francs-or, au chiffre de 1913 ?

Tous les associés qui le peuvent porteront à 10 francs la cotisation annuelle de 2 fr. 50 d'avant-guerre.

S'adresser pour tous renseignements aux Bureaux de l'Œuvre :

Paris (VIe), 20, rue Cassette. Ch. Post. : Paris, 618-25.
Lyon (IIe), 12, rue Sala. Ch. Postal : Lyon, 72-71.